最新法律文件解读丛书

商事法律文件解读

总第 178 辑(2019.10)

最新法律文件解读丛书编选组　编

人民法院出版社

图书在版编目(CIP)数据

商事法律文件解读. 总第178辑/最新法律文件解读丛书编选组编. --北京：人民法院出版社，2019.12
(最新法律文件解读丛书)
ISBN 978-7-5109-2692-1

Ⅰ.①商… Ⅱ.①最… Ⅲ.①商法—法律解释—中国
Ⅳ.①D923.995

中国版本图书馆CIP数据核字(2019)第269228号

商事法律文件解读. 总第178辑
最新法律文件解读丛书编选组 编

责任编辑 路建华
出版发行 人民法院出版社
地　　址 北京市东城区东交民巷27号 邮编 100745
电　　话 (010)67550660(责任编辑) 67550558(发行部查询)
65223677(读者服务部)
客服QQ 2092078039
网　　址 http://www.courtbook.com.cn
E-mail courtbook@sina.com
印　　刷 三河市国英印务有限公司
经　　销 新华书店
开　　本 787毫米×1092毫米 1/16
字　　数 140千字
印　　张 8
版　　次 2019年12月第1版 2019年12月第1次印刷
书　　号 ISBN 978-7-5109-2692-1
定　　价 22.00元

卷首语

改革开放四十多年来，我国民营经济从小到大、由弱变强，在稳定增长、促进创新、增加就业、改善民生等方面发挥了重要作用，成为推动经济社会发展的重要力量。目前，一些民营企业在经营发展中遇到不少困难和问题，这是外部因素和内部因素、客观原因和主观原因等多重矛盾交织的结果。其中，法律风险是民营经济在生产经营中必然要面对和防范的。重庆市高级人民法院发布《民营企业法律风险防控提示书》，既有利于民营企业加强自我风险防控，也有利于法院在案件办理中准确适用法律，共同努力构建稳定、公平、透明的法治化营商环境。

信用证欺诈是国际贸易结算中的常见问题。在当前“一带一路”建设的大背景下，对信用证欺诈的探讨具有新的意义。本辑刊登的《信用证欺诈纠纷相关法律问题分析》一文，在对信用证欺诈纠纷相关案件统计分析的基础上，对信用证欺诈纠纷的基础法律问题以及信用证欺诈的证明标准、认定标准、第三人欺诈等进行具体分析并提出解决进路。

在“新类型疑难案例选评”栏目，本辑刊登了《南京杰某集团有限公司诉巢湖市蓝某投资管理有限公司股权转让纠纷案》。作者在对该案的分析中阐明：1. 公司作为具有独立法人人格的商事主体，其财产具有闭合性、独立性的特点，公司财产既独立于其他商事主体和其股东，也独立于其所持有股权的公司之债务；2. 股权转让中，转让方与受让方可依据意思自治原则，约定披露的债权债务范围及由此承担的责任。在转让双方未特别约定需披露目标公司持股公司的债务时，应认定转让方需要披露的债权债务范围仅指向目标公司。

《最新法律文件解读》丛书

编　辑　部

范春雪　（010）67550525

姜　峤　（010）67550573

丁丽娜　（010）67550608

张　奎　（010）67550673

路建华　（010）67550660

执行编辑　路建华

邮　　箱　shangshijiedu@126.com

目　录

[行政法规、法规性文件与解读]

国务院办公厅

关于加快发展流通促进商业消费的意见

2019年8月16日　　国办发〔2019〕42号

各省、自治区、直辖市人民政府，国务院各部委、各直属机构：

党中央、国务院高度重视发展流通扩大消费。近年来，各地区、各部门积极落实中央决策部署，取得良好成效，国内市场保持平稳运行。但受国内外多重因素叠加影响，当前流通消费领域仍面临一些瓶颈和短板，特别是传统流通企业创新转型有待加强，商品和生活服务有效供给不足，消费环境需进一步优化，城乡消费潜力尚需挖掘。为推动流通创新发展，优化消费环境，促进商业繁荣，激发国内消费潜力，更好满足人民群众消费需求，促进国民经济持续健康发展，经国务院同意，现提出以下意见：

一、促进流通新业态新模式发展。顺应商业变革和消费升级趋势，鼓励运用大数据、云计算、移动互联网等现代信息技术，促进商旅文体等跨界融合，形成更多流通新平台、新业态、新模式。引导电商平台以数据赋能生产企业，促进个性化设计和柔性化生产，培育定制消费、智能消费、信息消费、时尚消费等商业新模式。鼓励发展“互联网+旧货”、“互联网+资源循环”，促进循环消费。实施包容审慎监管，推动流通新业态新模式健康有序发展。（发展改革委、工业和信息化部、生态环境部、商务部、文化和旅游部、市场监管总局、体育总局按职责分工负责）

二、推动传统流通企业创新转型升级。支持线下经营实体加快新理念、新技术、新设计改造提升，向场景化、体验式、互动性、综合型消费场所转型。

鼓励经营困难的传统百货店、大型体育场馆、老旧工业厂区等改造为商业综合体、消费体验中心、健身休闲娱乐中心等多功能、综合性新型消费载体。在城市规划调整、公共基础设施配套、改扩建用地保障等方面给予支持。（工业和信息化部、自然资源部、住房城乡建设部、商务部、体育总局按职责分工负责）

三、改造提升商业步行街。地方政府可结合实际对商业步行街基础设施、交通设施、信息平台和诚信体系等新建改建项目予以支持，提升品质化、数字化管理服务水平。在符合公共安全的前提下，支持商业步行街等具备条件的商业街区开展户外营销，营造规范有序、丰富多彩的商业氛围。扩大全国示范步行街改造提升试点范围。（住房城乡建设部、商务部、市场监管总局按职责分工负责）

四、加快连锁便利店发展。深化“放管服”改革，在保障食品安全的前提下，探索进一步优化食品经营许可条件；将智能化、品牌化连锁便利店纳入城市公共服务基础设施体系建设；强化连锁企业总部的管理责任，简化店铺投入使用、营业前消防安全检查，实行告知承诺管理；具备条件的企业从事书报刊发行业务实行“总部审批、单店备案”。支持地方探索对符合条件的品牌连锁企业试行“一照多址”登记。开展简化烟草、乙类非处方药经营审批手续试点。（住房城乡建设部、商务部、应急部、市场监管总局、新闻出版署、烟草局、药监局按职责分工负责）

五、优化社区便民服务设施。打造“互联网 + 社区”公共服务平台，新建和改造一批社区生活服务中心，统筹社区教育、文化、医疗、养老、家政、体育等生活服务设施建设，改进社会服务，打造便民消费圈。有条件的地区可纳入城镇老旧小区改造范围，给予财政支持，并按规定享受有关税费优惠政策。鼓励社会组织提供社会服务。（发展改革委、教育部、民政部、财政部、住房城乡建设部、商务部、文化和旅游部、卫生健康委、税务总局、体育总局按职责分工负责）

六、加快发展农村流通体系。改造提升农村流通基础设施，促进形成以乡镇为中心的农村流通服务网络。扩大电子商务进农村覆盖面，优化快递服务和互联网接入，培训农村电商人才，提高农村电商发展水平，扩大农村消费。改善提升乡村旅游商品和服务供给，鼓励有条件的地区培育特色农村休闲、旅游、观光等消费市场。（发展改革委、工业和信息化部、农业农村部、商务

部、文化和旅游部、邮政局按职责分工负责）

七、扩大农产品流通。加快农产品产地市场体系建设，实施“互联网+”农产品出村进城工程，加快发展农产品冷链物流，完善农产品流通体系，加大农产品分拣、加工、包装、预冷等一体化集配设施建设支持力度，加强特色农产品优势区生产基地现代流通基础设施建设。拓宽绿色、生态产品线上线下销售渠道，丰富城乡市场供给，扩大鲜活农产品消费。（发展改革委、财政部、农业农村部、商务部按职责分工负责）

八、拓展出口产品内销渠道。推动扩大内外销产品“同线同标同质”实施范围，引导出口企业打造自有品牌，拓展内销市场网络。在综合保税区积极推广增值税一般纳税人资格试点，落实允许综合保税区内加工制造企业承接境内区外委托加工业务的政策。（财政部、商务部、海关总署、税务总局、市场监管总局按职责分工负责）

九、满足优质国外商品消费需求。允许在海关特殊监管区域内设立保税展示交易平台。统筹考虑自贸试验区、综合保税区发展特点和趋势，扩大跨境电商零售进口试点城市范围，顺应商品消费升级趋势，抓紧调整扩大跨境电商零售进口商品清单。（财政部、商务部、海关总署、税务总局按职责分工负责）

十、释放汽车消费潜力。实施汽车限购的地区要结合实际情况，探索推行逐步放宽或取消限购的具体措施。有条件的地方对购置新能源汽车给予积极支持。促进二手车流通，进一步落实全面取消二手车限迁政策，大气污染防治重点区域应允许符合在用车排放标准的二手车在本省（市）内交易流通。（工业和信息化部、公安部、生态环境部、交通运输部、商务部按职责分工负责）

十一、支持绿色智能商品以旧换新。鼓励具备条件的流通企业回收消费者淘汰的废旧电子电器产品，折价置换超高清电视、节能冰箱、洗衣机、空调、智能手机等绿色、节能、智能电子电器产品，扩大绿色智能消费。有条件的地方对开展相关产品促销活动、建设信息平台和回收体系等给予一定支持。（工业和信息化部、生态环境部、商务部按职责分工负责）

十二、活跃夜间商业和市场。鼓励主要商圈和特色商业街与文化、旅游、休闲等紧密结合，适当延长营业时间，开设深夜营业专区、24小时便利店和“深夜食堂”等特色餐饮街区。有条件的地方可加大投入，打造夜间消费场景和集聚区，完善夜间交通、安全、环境等配套措施，提高夜间消费便利度和活跃度。（住房城乡建设部、交通运输部、商务部、文化和旅游部、应急部按职

责分工负责）

十三、拓宽假日消费空间。鼓励有条件的地方充分利用开放性公共空间，开设节假日步行街、周末大集、休闲文体专区等常态化消费场所，组织开展特色促消费活动，探索培育专业化经营管理主体。地方政府要结合实际给予规划引导、场地设施、交通安全保障等方面支持。（住房城乡建设部、交通运输部、商务部、文化和旅游部、应急部、市场监管总局按职责分工负责）

十四、搭建品牌商品营销平台。积极培育形成若干国际消费中心城市，引导自主品牌提升市场影响力和认知度，推动国内销售的国际品牌与发达国家市场在品质价格、上市时间、售后服务等方面同步接轨。因地制宜，创造条件，吸引知名品牌开设首店、首发新品，带动扩大消费，促进国内产业升级。保护和发展中华老字号品牌，对于中华老字号中确需保护的传统技艺，可按相关规定申请非物质文化遗产保护相关资金。（商务部、文化和旅游部、市场监管总局按职责分工负责）

十五、降低流通企业成本费用。推动工商用电同价政策尽快全面落实。各地不得干预连锁企业依法申请和享受总分机构汇总纳税政策。（发展改革委、财政部、税务总局按职责分工负责）

十六、鼓励流通企业研发创新。研究进一步扩大研发费用税前加计扣除政策适用范围。加大对国内不能生产、行业企业急需的高性能物流设备进口的支持力度，降低物流成本；研究将相关领域纳入《产业结构调整指导目录》“鼓励类”，推动先进物流装备产业发展，加快推进现代物流发展。（发展改革委、科技部、财政部、商务部、税务总局按职责分工负责）

十七、扩大成品油市场准入。取消石油成品油批发仓储经营资格审批，将成品油零售经营资格审批下放至地市级人民政府，加强成品油流通事中事后监管，强化安全保障措施落实。乡镇以下具备条件的地区建设加油站、加气站、充电站等可使用存量集体建设用地，扩大成品油市场消费。（发展改革委、自然资源部、生态环境部、住房城乡建设部、交通运输部、商务部、应急部、海关总署、市场监管总局按职责分工负责）

十八、发挥财政资金引导作用。统筹用好中央财政服务业发展资金等现有专项资金或政策，补齐流通领域短板。各地可因地制宜，加强对创新发展流通、促进扩大消费的财政支持。（财政部、商务部按职责分工负责）

十九、加大金融支持力度。鼓励金融机构创新消费信贷产品和服务，推动专业化消费金融组织发展。鼓励金融机构对居民购买新能源汽车、绿色智能家电、智能家居、节水器具等绿色智能产品提供信贷支持，加大对新消费领域金融支持力度。（人民银行、银保监会按职责分工负责）

二十、优化市场流通环境。强化消费信用体系建设，加快建设覆盖线上线下的重要产品追溯体系。严厉打击线上线下销售侵权假冒商品、发布虚假广告等违法行为，针对食品、药品、汽车配件、小家电等消费品，加大农村和城乡接合部市场治理力度。修订汽车、平板电视等消费品修理更换退货责任规定。积极倡导企业实行无理由退货制度。（发展改革委、工业和信息化部、公安部、农业农村部、商务部、应急部、海关总署、市场监管总局、药监局按职责分工负责）

各地区、各有关部门要充分认识创新发展流通、推动消费升级、促进扩大消费的重要意义，切实抓好各项政策措施的落实落地。各地区要结合本地实际完善政策措施，认真组织实施。各有关部门要落实责任，加强协作，形成合力，确保推动各项政策措施落实到位。

[部门规章、部门规章性文件与解读]

中国银保监会
关于印发保险公司关联交易管理办法的通知

2019年8月25日　　银保监发〔2019〕35号

各银保监局、各保险集团（控股）公司、保险公司、保险资产管理公司、相互保险组织：

为规范保险公司关联交易行为，加强保险公司关联交易监管，防范利益输送风险，现将《保险公司关联交易管理办法》印发给你们，请遵照执行。

保险公司关联交易管理办法

第一章　总　则

第一条　为规范保险公司关联交易行为，防范关联交易风险，维护保险公司独立性和保险消费者利益，根据《中华人民共和国公司法》《中华人民共和国保险法》等有关规定，制定本办法。

第二条　保险公司开展关联交易应当遵守法律法规、国家会计制度和保险监管规定，并采取有效措施，防止关联方利用其特殊地位，通过关联交易侵害保险公司或保险消费者利益。

第三条 银保监会依法对保险公司关联交易实施监管。

第二章 关联方与关联交易

第四条 保险公司的关联方是指与保险公司存在受一方控制或重大影响关系的自然人、法人或其他组织。

第五条 具有以下情形之一的，为保险公司的关联法人或其他组织：

（一）保险公司的控股股东、实际控制人；

（二）本条第（一）项规定以外的，持有或控制保险公司5%以上股权的法人或其他组织，及其控股股东、实际控制人；

（三）本条第（一）（二）项的董事、监事或高级管理人员控制的法人或其他组织；

（四）本条第（一）（二）项所列关联方控制或施加重大影响的法人或其他组织；

（五）保险公司控制或施加重大影响的法人或其他组织；

（六）本办法第六条（一）至（四）项所列关联方控制或施加重大影响的法人或其他组织。

第六条 具有以下情形之一的自然人，为保险公司的关联自然人：

（一）保险公司的自然人控股股东、实际控制人；

（二）本条第（一）项规定以外的，持有或控制保险公司5%以上股权的自然人；

（三）保险公司的董事、监事或高级管理人员；

（四）本条第（一）至（三）项所列关联方的近亲属；

（五）本办法第五条（一）（二）项所列关联方及其控制的法人或其他组织的董事、监事或高级管理人员；

（六）保险公司控制的法人或其他组织的董事、监事或高级管理人员。

第七条 保险公司可以根据实质重于形式的原则，认定以下可能导致利益倾斜的自然人、法人或其他组织为关联方：

（一）保险公司内部工作人员及其控制的法人或其他组织；

（二）保险公司及其控股股东、实际控制人的一致行动人；

（三）本办法第五条第（一）（二）项的董事、监事或高级管理人员施加重大影响的法人或其他组织；

（四）本办法第六条第（一）至（三）项所列关联方的其他关系密切的家庭成员；

（五）持有保险公司控股子公司10%以上股份的自然人、法人或其他组织；

（六）信托计划等金融产品或其他协议安排的实际权益持有人或其他最终受益人；

（七）与保险公司在借贷、担保等方面存在依赖关系的企业；

（八）连续三年及以上与保险公司在资金、经营、购销等方面存在协议关系的。

第八条 银保监会可以根据实质重于形式的原则，认定可能导致保险公司利益倾斜的任何自然人、法人或其他组织为关联方，包括但不限于本办法第七条规定的有关情形。

第九条 在过去十二个月内或者根据相关协议安排在未来十二个月内，存在本办法第五条、第六条规定情形之一的，视同保险公司关联方。

第十条 保险公司的关联交易，是指保险公司与关联方之间发生的转移资源或者义务的事项，包括以下类型：

（一）投资入股类：包括关联方投资入股该保险公司（含增资、减资及收购合并等），关联方投资该保险公司发行的优先股、债券或其他证券；

（二）资金运用类：包括在关联方办理银行存款，投资关联方的股权、不动产及其他资产；投资关联方发行的金融产品，或投资基础资产包含关联方资产的金融产品；与关联方共同投资（含新设、增资、减资、收购合并等）；

（三）利益转移类：包括给予或接受财务资助，赠与、出售或租赁资产，权利转让，担保，债权债务转移，签订许可协议，放弃优先受让权、同比例增资权或其他权利等；

（四）保险业务类：包括保险业务和保险代理业务、再保险的分出及分入、委托或受托管理资产和业务等；

（五）提供货物或服务类：包括审计、精算、法律、资产评估、资金托管、广告、日常采购、职场装修等；

（六）银保监会根据实质重于形式原则认定的其他可能引致保险公司资源或者义务转移的事项。

保险公司控股子公司与保险公司的关联方发生的上述事项，按照保险公司的关联交易进行管理，但控股子公司为上市公司或已受行业监管的金融机构的除外。

第十一条 保险公司的关联交易分为重大关联交易和一般关联交易。

重大关联交易是指保险公司或其控股子公司与一个关联方之间单笔或年度累计交易金额达到3000万元以上，且占保险公司上一年度末经审计的净资产的1%以上的交易。

一个年度内保险公司或其控股子公司与一个关联方的累计交易金额达到前款标准后，其后发生的关联交易，如再次累计达到前款标准，则应当重新认定为重大关联交易。

同一个保险公司与多个关联方在同一笔交易中的金额，应合并计算进行认定。

一般关联交易是指除重大关联交易以外的其他关联交易。

第三章 关联交易金额的计算与比例

第十二条 关联交易金额以保险公司或其控股子公司的交易对价或转移的利益计算，具体计算方式如下：

（一）投资入股保险公司的，以投资金额计算交易金额；减少保险公司注册资本的，以减资金额计算交易金额；投资于保险公司优先股、债券或其他证券的，以投资金额计算交易金额；

（二）资金运用类以保险资金投资金额计算交易金额；投资于关联方发行的金融产品且基础资产不涉及其他关联方的，以发行费或投资管理费计算交易金额；买入资产的，以交易价格计算交易金额；

（三）利益转移类中给予或接受财务资助的，以资助金额计算交易金额；出售或租赁资产、权利转让、签订许可协议的，以交易价格计算交易金额；提供或接受担保的，以担保金额计算交易金额；保险公司放弃相关权利的，以权利涉及的金额计算交易金额；赠与以赠与标的的市场价值计算交易金额；

（四）保险业务类中保险业务以保费计算交易金额；保险代理业务以代理费计算交易金额；委托金融机构管理资产或受托机构投资者管理资产的，以委托或受托管理费计算交易金额；

（五）提供货物或服务类以发生金额计算交易金额。

第十三条 保险公司对关联交易金额的计算标准，应按照银保监会有关规定，适用实质重于形式的原则穿透计算。

第十四条 保险公司资金运用关联交易应符合以下比例要求：

（一）保险公司对全部关联方的投资余额，合计不得超过保险公司上一年度末总资产的30%与上一年度末净资产二者中金额较低者；

（二）保险公司投资未上市权益类资产、不动产类资产、其他金融资产和境外投资的账面余额中，对关联方的投资金额不得超过上述各类资产投资限额的50%；

（三）保险公司对单一关联方的全部投资余额，合计不得超过保险公司上一年度末总资产的15%；

（四）保险公司投资金融产品，若底层基础资产涉及控股股东或控股股东的关联方，保险公司购买该金融产品的份额不得超过该产品发行总额的60%。

保险公司与其控股子公司的投资金额应当合并计算并符合上述比例要求。

第十五条 持有保险公司5%以上股权的股东质押股权数量超过其持有该保险公司股权总量50%的，银保监会可以限制其与保险公司开展关联交易。

第十六条 保险公司与关联方及其企业集团的其他成员之间发生的资金运用类关联交易，应当合并计算金额并适用本办法第十四条的规定。上述主体不属保险公司关联方的除外。

保险公司与其控股子公司，以及控股子公司之间发生的关联交易，不适用本办法第十四条的规定。

第十七条 保险公司应当动态监测关联交易的各项金额及比例，建立预警和管控机制，及时调整经营行为以符合本办法的有关规定。

第十八条 银保监会可以根据保险公司治理状况、偿付能力状况以及所受行政监管措施和行政处罚的情况，对保险公司适用第十四条规定的监管比例进行适当调整。

第四章　关联交易的内部控制

第十九条　保险公司关联交易管理应遵循以下原则：

（一）主动管理、职责明确；

（二）穿透管理、跟踪资金；

（三）总量控制、结构清晰。

第二十条　保险公司应当制定关联交易管理制度。

关联交易管理制度包括关联方的识别、报告、核验和信息管理，关联交易的发起、定价、审查、报告、披露、审计和责任追究等内容。

第二十一条　保险公司董事会应当设立关联交易控制委员会，负责关联方识别维护，关联交易管理、审查、批准和风险控制。关联交易控制委员会由三名以上董事组成，由独立董事担任负责人。关联交易控制委员会应重点关注关联交易的合规性、公允性和必要性。

第二十二条　关联交易控制委员会应当设立跨部门的关联交易管理办公室，成员应当包括合规、人事、财务部门负责人等，并指定一名高级管理人员担任负责人，负责关联交易的日常管理等具体事务。

第二十三条　保险公司应当建立关联方信息档案，至少每半年更新一次，并于每年6月末、12月末向银保监会报送。

第二十四条　关联交易控制委员会及其办公室对关联方信息档案的更新、维护负有主动管理责任，应当通过公开渠道查询等方式对有关信息进行必要的核实验证，并对可疑信息和有关媒体报道给予关注。

第二十五条　保险公司董事、监事和高级管理人员应当自任职之日起15个工作日内，按本办法有关规定，向保险公司报告其关联方情况。

自然人、法人或其他组织应当在持有或控制保险公司5%以上股权之日起15个工作日内，按本办法有关规定，向保险公司报告其关联方情况。

保险公司报送董事、监事及高级管理人员任职资格、股东变更等申请时，应承诺按照规定报告其主要关联方的情况。相关报告人应如实报告，不得瞒报、漏报、错报。

第二十六条　关联交易应当订立书面交易协议。协议的签订应当遵循平等、自愿、等价、有偿的原则，协议内容应当明确、具体、可执行。

第二十七条 关联交易应当条件公允，明确交易对价的确定原则及定价方法。必要时关联交易控制委员会可以聘请财务顾问等独立第三方出具报告，作为判断的依据。

第二十八条 保险公司应当完善关联交易的内部控制机制，优化关联交易管理流程，合规、业务、财务等关键环节的审查意见以及关联交易控制委员会等会议决议、记录应当清晰可查。

第二十九条 保险公司应当按照银保监会的有关规定，主动监测保险资金的流向，及时掌握基础资产状况，穿透识别审查关联交易，建立有效的关联交易风险控制机制。

第三十条 一般关联交易按照公司内部管理制度和授权程序审查，报关联交易控制委员会备案或批准。

对于金额小、结构简单的一般关联交易，关联交易控制委员会可以定期集中审议并出具意见。

第三十一条 重大关联交易经由关联交易控制委员会审查后，由董事会或股东（大）会批准。关联交易控制委员会应当就重大关联交易的合规性、公允性和必要性以及是否损害保险公司和保险消费者利益发表书面意见。

第三十二条 保险公司董事会在审议关联交易时，关联董事不得行使表决权，也不得代理其他董事行使表决权。该董事会会议由过半数的非关联董事出席即可举行，董事会会议所作决议须经参会的非关联董事2/3以上通过。出席董事会会议的非关联董事人数不足三人的，保险公司应当将交易提交股东（大）会审议。

保险公司股东（大）会审议关联交易时，关联股东不得参与表决，银保监会另有规定的除外。

如保险公司未设立股东（大）会，或者表决权比例因回避而低于章程规定或法定比例的，仍由董事会审议且不适用本条第一款关于回避的规定，但关联方应出具不存在不当利益输送的声明。

第三十三条 保险公司与其关联方之间长期持续发生的下列关联交易，可以签订统一交易协议，协议期限一般不超过三年：

（一）保险业务类；

（二）提供货物、服务或财务资助。

统一交易协议的签订、续签、实质性变更应按照重大关联交易进行内部审查、报告和信息披露。统一交易协议下发生的关联交易无需逐笔进行审查、报告和披露，但应当在季度报告中说明执行情况。统一交易协议应当明确或预估关联交易金额。

第三十四条 独立董事应当谨慎对重大关联交易的公允性及合规性发表意见。两名以上独立董事认为有必要的，可以聘请中介机构等独立第三方提供意见，费用由保险公司承担。

第三十五条 保险公司应当每年至少组织一次关联交易专项审计，并将审计结果报董事会和监事会。

第三十六条 对于未按照规定报告关联方、违规开展关联交易等情形，关联交易控制委员会、独立董事或者监事会可以提出问责建议，经董事会审议通过后执行。

第三十七条 保险公司董事会、关联交易控制委员会、独立董事或者监事会在关联交易日常监督或专项审计中可以提出纠正建议，可以对存在失职行为的董事及高级管理人员提出罢免建议。

第五章 关联交易的报告和披露

第三十八条 保险公司应当按照本办法的有关规定，真实、准确、完整、及时地报告、披露关联交易信息，不得存在任何虚假记载、误导性陈述或重大遗漏。

关联交易控制委员会应当统筹管理关联交易信息披露工作，提高关联交易的透明度。

第三十九条 以下关联交易应当在签订交易协议后15个工作日内逐笔向银保监会报告：

（一）重大关联交易；

（二）统一交易协议的签订、续签或实质性变更；

（三）银保监会要求报告的其他交易。

第四十条 按照本办法第三十九条规定须逐笔报告的关联交易，报告内容至少包括：

（一）关联交易概述及交易标的情况；

（二）交易对手情况。包括关联自然人基本情况，关联法人名称、企业类型、经营范围、注册资本，与保险公司存在的关联关系；

（三）关联交易的具体情况，包括穿透的交易架构图、交易目的、交易条件或对价、定价政策、对财务状况及经营成果的影响等。交易价格与市场价格之间差异较大的，应当说明原因。投资信托计划、债权或不动产投资计划、资产管理计划、股权投资基金、资产支持计划等金融产品的，应当说明投资标的以及基础资产情况。

向关联方购买或出售资产、股权或其他权益的，应说明前次的交易价格。

与关联方共同投资的，应当说明被投企业名称、业务模式、盈利预测、主要资产情况及保险公司与关联方间关于投资收益分配和损失分担的方案等。

（四）关联交易涉及保险公司控股股东及其关联方的，控股股东及其关联方应当提供上年度经审计的财务报表、上季度末征信评级等材料；

（五）本年度与该关联方发生的关联交易累计金额；

（六）交易协议以及交易基础资产涉及的相关法律文件，交易涉及的有关审批文件，中介服务机构出具的专业报告；

（七）股东（大）会、董事会决议，关联交易控制委员会的意见或决议；

（八）独立董事的书面意见；

（九）银保监会要求提交的其他文件。

第四十一条 保险公司应当按本办法的有关规定统计关联交易金额及比例，并于每季度结束后30日内报送关联交易的有关情况。

第四十二条 保险公司应当在公司年报中按照行业监管标准披露当年关联交易的总体情况。

第四十三条 保险公司董事会应当就关联交易整体情况形成年度专项报告，随年度公司治理报告一同报送银保监会。

第四十四条 本办法第三十九条规定须逐笔报告的关联交易，保险公司应当在签订交易协议后15个工作日内在公司网站、符合监管要求的公开网站逐笔披露以下内容：

（一）交易对手情况。包括关联自然人基本情况，关联法人名称、企业类型、经营范围、注册资本，与保险公司存在的关联关系；

（二）关联交易类型及交易标的情况；

（三）交易协议的主要内容，包括交易价格，交易结算方式，协议生效条件、生效时间、履行期限等；

（四）关联交易的定价政策。交易价格与市场公允价格之间差异较大的，应当说明原因；

（五）交易决策及审议情况，包括决策的机构、时间、结论，审议的方式和过程；

（六）银保监会要求披露的其他事项。

第四十五条 本法第三十九条规定以外的关联交易应当按交易类型每季度进行一次分类合并披露。保险公司应当在每季度结束后30日内在公司网站、符合监管要求的公开网站披露。

第四十六条 保险公司进行的下列关联交易，可以免予按照关联交易的方式进行审议和披露，但在统计关联交易金额与比例时应当合并计算：

（一）与关联自然人单笔交易额在50万元以下或与关联法人单笔交易额在500万元以下的关联交易；

（二）一方以现金认购另一方公开发行的股票、公司债券或企业债券、可转换债券或其他衍生品种；

（三）按照关联交易有关协议约定产生的后续赎回、赔付、还本付息、分配股息和红利、再保险摊回赔付、调整再保险手续费等交易；

（四）在关联方办理活期存款业务；

（五）银保监会规定的其他情形。

第四十七条 保险公司进行的下列关联交易，可以免予按照关联交易的方式进行审议和披露，但应当在交易协议签订后的15个工作日内报告银保监会并说明原因，在统计关联交易金额与比例时应当合并计算：

（一）同一自然人同时担任保险公司和其他法人的独立董事且不存在其他构成关联方情形的，该法人与保险公司进行的交易；

（二）交易的定价为国家规定的；

（三）银保监会规定的其他情形。

第四十八条 保险公司关联交易信息涉及国家秘密、商业秘密或者银保监会认可的其他情形，按照本办法披露或者履行相关义务可能导致其违反国家有关保密的法律法规或严重损害公司利益的，保险公司可以向银保监会申请豁免按照本办法披露或履行相关义务。

第六章　关联交易的监督管理

第四十九条　保险公司应当维护公司经营的独立性，提高市场竞争力，减少关联交易的数量和规模。

保险公司关联交易不得偏离市场独立第三方的价格或者收费标准，不得制定明显不利于保险公司的交易条件，不得通过关联交易进行利益输送。

第五十条　关联交易应当结构清晰，避免多层嵌套等复杂安排。不得通过隐瞒关联关系等不当手段，规避关联交易的内部审查、外部监管以及报告、披露义务。

第五十一条　保险公司股东、董事、监事、高级管理人员及其他关联方，应当如实披露关联关系的有关信息，不得隐瞒或提供虚假陈述，并对提供信息的真实、准确、完整性承担责任。

第五十二条　保险公司董事会对关联交易管理承担最终责任。关联交易控制委员会、相关业务部门负责人与合规负责人对关联交易的合规性承担直接责任。

第五十三条　银保监会审查关联交易时，可视情况采取以下审查措施：

（一）要求保险公司及其关联方补充说明或提供法律意见、财务顾问意见等有关材料；

（二）对关联交易的有关问题提出公开质询；

（三）要求对特定的交易进行内部审计并出具审计报告；

（四）指定第三方对交易资产进行重新评估、开展外部审计或出具盈利预测报告等专业报告；

（五）银保监会依法采取的其他审查措施。

第五十四条　保险公司违反本办法规定的，银保监会予以责令改正，并视情况采取以下监管措施：

（一）责令修改交易条件；

（二）责令停止、撤销或终止关联交易；

（三）责令禁止与特定关联方开展交易；

（四）限制资金运用形式和比例；

（五）银保监会依法采取的其他监管措施。

第五十五条 保险公司违反本办法规定的，银保监会可依法予以罚款、限制业务范围、责令停止接受新业务或者吊销业务许可证等行政处罚，对相关责任人员可依法予以警告、罚款、撤销任职资格、禁止进入保险业等行政处罚。涉嫌犯罪的，依法移送司法机关追究刑事责任。

第五十六条 保险公司董事、监事、高级管理人员或其他有关从业人员违反本办法规定的，银保监会可以对相关责任人员采取以下监管措施：

（一）责令改正；

（二）记入履职记录并进行行业通报；

（三）责令保险公司予以问责；

（四）认定为不适当人选；

（五）银保监会依法采取的其他监管措施。

第五十七条 保险公司股东、实际控制人利用关联交易严重损害保险公司利益的，银保监会可以依法采取责令改正、限制股东权利、责令转让股权等监管措施。

保险公司的其他关联方违反本办法规定的，银保监会可以采取公开谴责、限制投资保险业等监管措施。

第五十八条 关联方违反本办法规定给保险公司造成损失的，保险公司可以要求其承担赔偿责任，必要时银保监会可以督促保险公司采取司法措施要求赔偿。

第五十九条 会计师事务所、专业评估机构、律师事务所、税务师事务所等服务机构违反诚信及勤勉尽责原则，出具文件存在虚假记载、误导性陈述或重大遗漏，银保监会可以进行行业通报，一定时期内不予认可其出具的意见或报告，并移交有关监管部门依法给予行政处罚。

第七章 附 则

第六十条 本办法中下列用语的含义：

控制，包括直接控制与间接控制，是指（一）控制：有权决定一个企业的财务和经营政策，并能据以从该企业的经营活动中获取利益；或（二）共同控制：按照合同约定对某项经济活动所共有的控制，仅在与该项经济活动相关的重要财务和经营决策需要分享控制权的投资方一致同意时存在。

重大影响，是指对法人或组织的财务和经营政策有参与决策的权力，但并不能够控制或者与其他方共同控制这些政策的制定。以下情形视为具有重大影响：（一）持有非保险公司法人20%以上股权；（二）持有保险公司5%以上股权；（三）派驻或担任董事、监事或高级管理人员；（四）对重大事项具有一票否决权或存在其他协议安排；（五）银保监会认定的其他情形。

受一方控制或重大影响，包括（一）受其中一方的控制或重大影响；（二）双方同受第三方的控制或重大影响。

持有，包括直接持有与间接持有。

保险公司的控股股东，是指（一）持股比例达到50%以上的股东；或（二）持股比例虽不足50%，但依享有的表决权已足以对股东（大）会的决议产生控制性影响的股东。

控股子公司，是指对该子公司的持股比例达到50%以上；或者持股比例虽不足50%，但通过表决权、协议等安排能够对其施加控制性影响。保险公司的控股子公司包括直接、间接或共同控制的子公司或其他组织。

全资子公司，是指对该子公司的持股比例直接或间接达到100%。

实际控制人，是指通过投资关系、协议或者其他安排，能够实际支配公司行为的自然人或其他最终控制人。

一致行动人，是指通过协议、合作或其他途径，在行使表决权或参与其他经济活动时采取相同意思表示的自然人、法人或其他组织。

最终受益人，是指实际享有保险公司股权收益、金融产品收益的人。

关联董事、关联股东，是指交易的一方，或者在审议关联交易时可能影响该交易公允性的董事、股东。

内部工作人员包括保险公司分支机构的高级管理人员、保险公司关键业务或关键岗位人员、保险公司子公司的关键岗位人员等。

任职，是指取得任职资格或者虽未取得任职资格，但实际履行相应职责的情形。

近亲属，是指配偶、父母、子女及同胞兄弟姐妹。

其他关系密切的家庭成员，是指除近亲属外的包括配偶的父母、子女的配偶、同胞兄弟姐妹的配偶、非同胞兄弟姐妹及其配偶、配偶的兄弟姐妹以及其他可能产生利益转移的家庭成员。

共同投资一般限于权益性投资，或者以投资于私募股权基金等金融产品的形式实质上进行权益性投资的行为。

书面交易协议的书面形式包括合同书、信件和数据电文（包括电报、电传、传真、电子数据交换和电子邮件）等法律认可的有形地表现所载内容的形式。

年度为会计年度。

以上、以下、日内、届满均含本数。

元，均指人民币元。

第六十一条 国家控股的企业之间不仅因为同受国家控股而具有关联关系。

第六十二条 本办法适用于在中国境内依法设立的保险集团（控股）公司、保险公司、保险资产管理公司。相互保险组织参照适用，自保公司的自保业务不适用。

第六十三条 本办法由银保监会负责解释。

第六十四条 本办法自发布之日起施行。《保险公司关联交易管理暂行办法》（保监发〔2007〕24号）、《关于执行〈保险公司关联交易管理暂行办法〉有关问题的通知》（保监发〔2008〕88号）、《中国保监会关于进一步规范保险公司关联交易有关问题的通知》（保监发〔2015〕36号）、《中国保监会关于进一步加强保险公司关联交易信息披露工作有关问题的通知》（保监发〔2016〕52号）、《关于进一步加强保险公司关联交易管理有关事项的通知》（保监发〔2017〕52号）同时废止。

中国银保监会有关部门负责人就《保险公司关联交易管理办法》答记者问

银保监会近日印发《保险公司关联交易管理办法》（以下简称《办法》）。银保监会有关部门负责人就相关问题回答了记者提问。

一、发布《办法》的背景是什么？

答：近年来，通过违规关联交易进行利益输送问题已成为行业乱象之一，个别保险公司通过设立非金融子公司或者层层嵌套的金融产品，向关联方输送利益，把保险公司当成“提款机”，引发重大风险，引起社会高度关注。十余年前制定的《保险公司关联交易管理暂行办法》已经不能适应防风险和强监管的需要。一是监管制度不完善，存在监管空白。例如，原有规定未明确保险公司对子公司的关联交易管理职责，导致部分实际控制人以保险公司子公司作为“资金中转站”，绕道获取保险资金，规避关联交易审查。二是关联交易形式多样，原有规定缺乏穿透监管内容和手段，存在监管盲区，难以满足关联交易认定的需要。三是制度较为零散，未形成统一全面的制度体系，不利于操作执行。为加强关联交易监管，我们制定并发布了本《办法》。

二、银保监会对关联交易监管的原则和目标是什么？

答：此次《办法》明确了从严监管、穿透监管的原则，建立事前、事中、事后全流程的关联交易审查和报告制度，突出重点、抓大放小，重点监控公司治理不健全机构的关联交易和大额资金运用行为，要求保险公司提高市场竞争力，控制关联交易的数量和规模，从而达到提高保险公司经营独立性，防止利益输送风险的监管目标。

三、《办法》的总体结构是什么？

答：《办法》共七章六十四条，按照关联交易管理流程，从关联关系认定、关联交易的内控管理及外部监管等方面进行明确规定。第一章总则，明确《办法》制定的法律依据和总体原则。第二章关联方与关联交易，明确关联方认定标准和关联交易类型。第三章关联交易金额的计算与比例，明确不同类型关联交易金额的计算方式，并对资金运用类关联交易设置比例监管指标。第四章关联交易的内部控制，明确要求保险公司建立董事会关联交易控制委员会，加强对关联交易的管理、审查、批准和风险控制，并对重大关联交易和统一交易协议的管理和审批流程等方面进行明确规定。第五章关联交易的报告和披露，规定报告和披露的内容、时限、路径等以强化外部监督。第六章关联交易的监督管理，规定对关联交易的管理和审查措施，依法完善相应监管措施。第七章附则，对《办法》中专业用语进行详细解释。

四、《办法》从哪些方面对原有制度进行了优化？

答：一是完善关联方管理。要求董事会关联交易控制委员会负责关联方的识别和维护，定期更新关联方信息档案，董事、监事和高级管理人员以及其他关联方要及时向保险公司报告其关联方情况，同时要求保险公司根据实质重于形式的原则，对可能导致利益倾斜的关联方进行认定。二是加强关联交易内控体系。在管理机制方面，要求保险公司在董事会和经营层建立关联交易控制委员会和办公室，分别负责关联交易的全面管理和日常管理。增加保险机构的主动管理责任，要求保险公司进一步优化管理流程，明确责任归属，实现管控流程全程可追溯。明确内部问责的发起和审批流程，规定保险公司的相关主体可以对违规关联交易提出问责建议，监管部门也可以责令保险公司对相关责任人予以问责。三是强化关联交易外部监督。完善监管审查措施，监管部门可视情况要求保险公司及其关联方补充提供有关材料，或对其提出公开质询。《办法》同时加强了社会监督，提高关联交易信息披露标准，要求保险公司在年报中不仅按照会计准则披露关联交易情况，还应当按照监管标准披露当年关联交易的总体情况。四是加强关联交易穿透监管。要求保险公司建立以资金流向为线索的全程监控制度，有效防止风险的跨公司、跨行业和跨领域传递。制定穿透认定规则，根据实质重于形式的原则，对实际控制人、一致行动人、金融产品的最终受益人等进行认定。五是强化监管职责，《办法》设立专门章节明确管理和监管职责，要求保险公司股东、董事、监事、高级管理人员等关联方如实披露关联关系有关信息，不得隐瞒或提供虚假陈述。银保监会可以依法对违规行为和相关责任人采取监管措施，加大了对责任主体的监管力度。

来源：银保监会网站

国家税务总局　财政部　海关总署

关于在综合保税区推广增值税一般纳税人资格试点的公告

2019 年 8 月 8 日　　　　国家税务总局公告 2019 年第 29 号

根据《国务院关于促进综合保税区高水平开放高质量发展的若干意见》（国发〔2019〕3 号），国家税务总局、财政部、海关总署决定在综合保税区推广增值税一般纳税人资格试点，现就有关事项公告如下：

一、综合保税区增值税一般纳税人资格试点（以下简称“一般纳税人资格试点”）实行备案管理。符合下列条件的综合保税区，由所在地省级税务、财政部门和直属海关将一般纳税人资格试点实施方案（包括综合保税区名称、企业申请需求、政策实施准备条件等情况）向国家税务总局、财政部和海关总署备案后，可以开展一般纳税人资格试点：

（一）综合保税区内企业确有开展一般纳税人资格试点的需求；

（二）所在地市（地）级人民政府牵头建立了综合保税区行政管理机构、税务、海关等部门协同推进试点的工作机制；

（三）综合保税区主管税务机关和海关建立了一般纳税人资格试点工作相

关的联合监管和信息共享机制；

（四）综合保税区主管税务机关具备在综合保税区开展工作的条件，明确专门机构或人员负责纳税服务、税收征管等相关工作。

二、综合保税区完成备案后，区内符合增值税一般纳税人登记管理有关规定的企业，可自愿向综合保税区所在地主管税务机关、海关申请成为试点企业，并按规定向主管税务机关办理增值税一般纳税人资格登记。

三、试点企业自增值税一般纳税人资格生效之日起，适用下列税收政策：

（一）试点企业进口自用设备（包括机器设备、基建物资和办公用品）时，暂免征收进口关税和进口环节增值税、消费税（以下简称进口税收）。

上述暂免进口税收按照该进口自用设备海关监管年限平均分摊到各个年度，每年年终对本年暂免的进口税收按照当年内外销比例进行划分，对外销比例部分执行试点企业所在海关特殊监管区域的税收政策，对内销比例部分比照执行海关特殊监管区域外（以下简称区外）税收政策补征税款。

（二）除进口自用设备外，购买的下列货物适用保税政策：

1. 从境外购买并进入试点区域的货物；

2. 从海关特殊监管区域（试点区域除外）或海关保税监管场所购买并进入试点区域的保税货物；

3. 从试点区域内非试点企业购买的保税货物；

4. 从试点区域内其他试点企业购买的未经加工的保税货物。

（三）销售的下列货物，向主管税务机关申报缴纳增值税、消费税：

1. 向境内区外销售的货物；

2. 向保税区、不具备退税功能的保税监管场所销售的货物（未经加工的保税货物除外）；

3. 向试点区域内其他试点企业销售的货物（未经加工的保税货物除外）。

试点企业销售上述货物中含有保税货物的，按照保税货物进入海关特殊监管区域时的状态向海关申报缴纳进口税收，并按照规定补缴缓税利息。

（四）向海关特殊监管区域或者海关保税监管场所销售的未经加工的保税货物，继续适用保税政策。

（五）销售的下列货物（未经加工的保税货物除外），适用出口退（免）税政策，主管税务机关凭海关提供的与之对应的出口货物报关单电子数据审核办理试点企业申报的出口退（免）税。

1. 离境出口的货物；

2. 向海关特殊监管区域（试点区域、保税区除外）或海关保税监管场所（不具备退税功能的保税监管场所除外）销售的货物；

3. 向试点区域内非试点企业销售的货物。

（六）未经加工的保税货物离境出口实行增值税、消费税免税政策。

（七）除财政部、海关总署、国家税务总局另有规定外，试点企业适用区外关税、增值税、消费税的法律、法规等现行规定。

四、区外销售给试点企业的加工贸易货物，继续按现行税收政策执行；销售给试点企业的其他货物（包括水、蒸汽、电力、燃气）不再适用出口退税政策，按照规定缴纳增值税、消费税。

五、税务、海关两部门要加强税收征管和货物监管的信息交换。对适用出口退税政策的货物，海关向税务部门传输出口报关单结关信息电子数据。

六、本公告自发布之日起施行。《国家税务总局财政部海关总署关于开展赋予海关特殊监管区域企业增值税一般纳税人资格试点的公告》（国家税务总局财政部海关总署公告2016年第65号）、《国家税务总局财政部海关总署关于扩大赋予海关特殊监管区域企业增值税一般纳税人资格试点的公告》（国家税务总局财政部海关总署公告2018年第5号）和《国家税务总局财政部海关总署关于进一步扩大赋予海关特殊监管区域企业增值税一般纳税人资格试点的公告》（国家税务总局财政部海关总署公告2019年第6号）同时废止。上述公告列名的昆山综合保税区等48个海关特殊监管区域按照本公告继续开展一般纳税人资格试点。

特此公告。

解读——
《关于在综合保税区推广增值税一般纳税人资格试点的公告》

为促进综合保税区高水平开放高质量发展，支持综合保税区企业拓展两个市场，国家税务总局、财政部和海关总署决定在综合保税区推广赋予企业增值税一般纳税人资格试点（以下简称一般纳税人资格试点），并共同制定了《关于在综合保税区推广增值税一般纳税人资格试点的公告》（以下简称《公告》）。为便于政策理解和执行，现对《公告》解读如下：

一、《公告》出台的背景

2019年1月12日，国务院印发《关于促进综合保税区高水平开放高质量发展的若干意见》（国发〔2019〕3号），提出“积极稳妥地在综合保税区推广增值税一般纳税人资格试点”。为贯彻落实国务院决策部署，推动综合保税区创新升级，打造对外开放新高地，支持综合保税区企业更好地统筹利用国际国内两个市场、两种资源，培育和提升国际竞争新优势，国家税务总局、财政部和海关总署决定在综合保税区推广一般纳税人资格试点。

二、《公告》的主要内容

（一）一般纳税人资格试点推广实行备案管理。符合下列条件的综合保税区，由所在地省级税务、财政部门和直属海关将一般纳税人资格试点实施方案（包括综合保税区名称、企业申请需求、政策实施准备条件等情况）向国家税务总局、财政部和海关总署备案后，可以开展一般纳税人资格试点：

一是综合保税区内企业确有开展一般纳税人资格试点的需求。

二是所在地市（地）级人民政府牵头建立了综合保税区行政管理机构、税务、海关等部门协同推进试点的工作机制。

三是综合保税区主管税务机关和海关建立了一般纳税人资格试点联系配合工作机制。

四是综合保税区主管税务机关具备开展业务的工作条件，明确专门机构或人员负责纳税服务、税收征管等相关工作。

（二）试点的政策内容。试点继续坚持企业自愿的原则，税收政策按前期试点时国务院确立的相关规定执行。具体为：

一是赋予海关特殊监管区域试点企业增值税一般纳税人资格。试点企业内销货物（包括销售给其他试点企业的货物）可以按规定开具增值税专用发票，并按规定申报缴纳增值税、消费税。

二是试点企业从海关特殊监管区域外（以下简称区外）购进货物，可索取增值税专用发票，作为增值税进项税额的抵扣凭证或者出口退税凭证；试点企业以加工贸易方式从区外购进的货物，继续按现行税收政策执行。

三是试点企业进口货物继续适用保税政策；内销货物中含有保税货物的，或向区外直接销售未经加工的保税货物，按照保税货物进入海关特殊监管区域时的状态，向海关申报缴纳保税货物的进口关税、增值税和消费税，并按照规定补缴缓税利息；试点企业向试点区域内非试点企业购买货物，比照进口货物适用税收政策。试点区域内企业之间销售未经加工的保税货物不征税，由购货方继续适用保税政策。

四是试点企业出口货物，在货物实际离境后申请退税；试点企业向试点区域内非试点企业销售货物，除未经加工的保税货物外，视同出口办理退税。

五是试点企业进口自用设备（包括机器设备、基建物资和办公用品）时，暂免征收进口关税、进口环节增值税、消费税（以下简称进口税收）。上述暂免进口税收按照该进口自用设备海关监管年限平均分摊到各个年度，每年年终对本年暂免的进口税收按照当年内外销比例进行划分，对外销比例部分执行试点企业所在海关特殊监管区域税收政策，对内销比例部分比照执行区外税收政策补征税款。

（三）其他内容。《国家税务总局、财政部、海关总署关于开展赋予海关特殊监管区域企业增值税一般纳税人资格试点的公告》（国家税务总局、财政部、海关总署公告2016年第65号）、《国家税务总局、财政部、海关总署关于扩大赋予海关特殊监管区域企业增值税一般纳税人资格试点的公告》（国家税务总局、财政部、海关总署公告2018年第5号）和《国家税务总局、财政部、海关总署关于进一步扩大赋予海关特殊监管区域企业增值税一般纳税人资格试点的公告》（国家税务总局、财政部、海关总署公告2019年第6号）同时废止。上述公告列名的昆山综合保税区等48个海关特殊监管区域按照本公告继续开展一般纳税人资格试点。

三、执行时间

《公告》自发布之日起施行。

来源：国家税务总局网站

中国银保监会　国家知识产权局　国家版权局

关于进一步加强知识产权质押融资工作的通知

2019 年 8 月 6 日　　银保监发〔2019〕34 号

各银保监局，各省、自治区、直辖市、新疆生产建设兵团、计划单列市知识产权局（知识产权管理部门）、版权局，各政策性银行、大型银行、股份制银行，邮储银行，外资银行，金融资产管理公司，各保险集团（控股）公司、保险公司、保险资产管理公司，其他会管经营类机构：

为贯彻落实党中央、国务院关于知识产权工作的一系列重要部署，促进银行保险机构加大对知识产权运用的支持力度，扩大知识产权质押融资，现就有关事项通知如下：

一、优化知识产权质押融资服务体系

（一）银行保险机构、知识产权质权登记机构应当统一思想认识、保持战略定力，高度重视知识产权质押融资工作的重要性。鼓励银行保险机构积极开展知识产权质押融资业务，支持具有发展潜力的创新型（科技型）企业。

（二）支持商业银行建立专门的知识产权质押融资管理制度。大型银行、股份制银行应当研究制定知识产权质押融资业务的支持政策，并指定专门部门负责知识产权质押融资工作。

（三）鼓励商业银行在风险可控的前提下，通过单列信贷计划、专项考核激励等方式支持知识产权质押融资业务发展，力争知识产权质押融资年累放贷款户数、年累放贷款金额逐年合理增长。

（四）支持商业银行建立适合知识产权质押融资特点的风险评估、授信审查、授信尽职和奖惩制度，创新信贷审批制度和利率定价机制。鼓励商业银行通过科技支行重点营销知识产权质押贷款等金融产品。鼓励商业银行积极探索知识产权金融业务发展模式，根据自身业务特色和经营优势，重点支持知识产权密集的创新型（科技型）企业的知识产权质押融资需求。

二、加强知识产权质押融资服务创新

（五）鼓励商业银行对企业的专利权、商标专用权、著作权等相关无形资产进行打包组合融资，提升企业复合型价值，扩大融资额度。研究扩大知识产权质押物范围，积极探索地理标志、集成电路布图设计作为知识产权质押物的可行性，进一步拓宽企业融资渠道。

（六）鼓励商业银行建立对企业科技创新能力的评价体系，通过综合评估企业专利权、商标专用权、著作权等知识产权价值等方式，合理分析企业创新发展能力和品牌价值，通过知识产权质押融资业务把握企业发展方向。商业银行应当积极同相关部门合作，完善对创新型（科技型）企业的认定及评价机制。支持商业银行运用云计算、大数据、移动互联网等新技术研发知识产权质押融资新模式。鼓励商业银行在提供知识产权质押融资服务基础上，为企业提供综合金融服务。

（七）支持商业银行与知识产权密集型产业园区开展战略性合作，给予园区合理的意向性授信额度。鼓励商业银行加大对产业供应链中的创新型（科技型）小微企业的融资支持力度，促成小微企业知识产权质押“首贷”，进一步探索将小微企业纳入知识产权金融服务体系的有效途径。

（八）支持商业银行与投资基金等具备投资能力和条件的机构开展合作，积极支持拥有较高技术水平、良好市场前景的知识产权质押融资借款人。支持保险机构依法合规投资知识产权密集的创新型（科技型）小微企业，有效提升保险机构金融综合服务能力。

三、健全知识产权质押融资风险管理

（九）商业银行开展知识产权质押融资业务应当对出质人及质物进行调

查，办理质权登记，加强对押品的动态管理，定期分析借款人经营情况，对可能产生风险的不利情形要及时采取措施。

（十）鼓励商业银行培养知识产权质押融资专门人才，建立知识产权资产评估机构库，加强对知识产权第三方资产评估机构的合作准入与持续管理。逐步建立和完善知识产权内部评估体系，加强内部风险评估、资产评估能力建设，探索开展内部评估。支持商业银行探索以协商估值、坏账分担为核心的中小微企业知识产权质押融资模式。

（十一）商业银行知识产权质押融资不良率高出自身各项贷款不良率3个百分点（含）以内的，可不作为监管部门监管评级和银行内部考核评价的扣分因素。商业银行应当进一步建立健全符合知识产权质押融资特点的内部尽职免责机制和科学的绩效考核机制。对经办人员在知识产权质押融资业务办理过程中已经尽职履责的，实行免责。

（十二）鼓励保险机构在风险可控前提下，开展与知识产权质押融资相关的保证保险业务。鼓励保险机构开展知识产权被侵权损失保险、侵权责任保险等保险业务，为知识产权驱动创新发展提供保险服务。

四、完善知识产权质押融资保障工作

（十三）银行保险监督管理部门与知识产权管理部门、版权管理部门建立知识产权金融协同工作机制，加强信息数据共享，共同推动知识产权质押融资相关支持政策的制定和实施工作。

（十四）各银保监局、地方知识产权管理部门、地方版权管理部门等应当加强对本地区知识产权金融工作的组织领导，制定和完善本地区知识产权金融工作的具体措施。各银保监局、地方知识产权管理部门、地方版权管理部门要与地方政府有关部门加强合作，推动建立和完善知识产权质押融资的风险分担和损失补偿机制，促进知识产权质押融资业务可持续发展。

（十五）各银保监局、地方知识产权管理部门、地方版权管理部门应当积极为商业银行与创新型（科技型）企业创造对接机会与平台。推动建立知识产权资产评估机构库、专家库和知识产权融资项目数据库，推进知识产权作价评估标准化，为商业银行开展知识产权质押融资创造良好条件。地方知识产权管理部门和地方版权管理部门应当加强对商业银行知识产权押品动态管理的专项服务，联合商业银行探索知识产权质物处置、流转的有效途径，充分发挥国家知识产权运营公共服务平台等各类知识产权交易平台作用，做好质物处置工作。

（十六）知识产权管理部门、版权管理部门推动建立统一的专利权、商标专用权、著作权质押登记公示信息平台，便于商业银行、社会公众等进行查询。对于商业银行行使质权获得的知识产权等，可按程序减免维持费用。知识产权质权登记机构应当不断优化知识产权质押登记流程，缩短登记时间。

（十七）商业银行应当加强知识产权质押融资业务的统计分析，定期向银行保险监督管理部门报送知识产权质押融资统计数据及相关工作情况。各级银行保险监督管理部门、知识产权管理部门、版权管理部门应当积极促进银行保险机构之间、银行保险机构与知识产权运营服务机构之间的交流，适时对辖内银行保险机构、知识产权运营服务机构开展知识产权质押融资业务情况进行评估，对业务开展良好的商业银行可按规定实施监管激励。

（十八）鼓励商业银行以外的银行业金融机构以及经银保监会或银保监局批准设立的其他金融机构参照本通知的规定，积极开展知识产权质押融资业务，支持具有发展潜力的创新型（科技型）企业。

（十九）各级银行保险监督管理部门、知识产权管理部门、版权管理部门要及时总结交流知识产权质押融资典型案例和良好经验；对于政策执行过程中出现的问题和困难，要加强研究，及时报告上级主管部门。

银保监会有关部门负责人就《关于进一步加强知识产权质押融资工作的通知》答记者问

为深入贯彻落实习近平新时代中国特色社会主义思想和党的十九大、十九届二中、三中全会精神，落实国务院常务会议和《政府工作报告》关于“扩大知识产权质押融资”的工作部署，银保监会联合国家知识产权局、国家版权局发布了《关于进一步加强知识产权质押融资工作的通知》（以下简称《通知》)，银保监会有关部门负责人就相关问题回答了记者提问。

一、《通知》制定的背景是什么?

答: 近年来，银保监会、国家知识产权局和国家版权局等有关部门高度重视知识产权质押融资对实现知识产权价值应用、解决创新型企业“轻资产、缺担保”困境的意义，引导银行保险机构积极开展知识产权质押融资，通过知识产权质押融资为民营企业和小微企业提供更多融资手段，发挥质押融资对企业加大科技研发投入、加强科技成果转化的激励作用。今年一季度末，银行业金融机构知识产权质押贷款业务户数6448户，比2018年初增加1200余户；融资余额985亿元，比2018年初增长98%。2018年新增专利权、商标专用权质押融资登记金额1224亿元，同比增长12.3%；新增著作权质押担保主债务登记金额79.6亿元。知识产权质押融资业务规模实现有序增长。

二、商业银行开展知识产权质押融资有什么好的做法和经验?

答: 近年来，各级银保监部门、知识产权管理部门、版权管理部门、部分地方政府和商业银行为推动知识产权质押融资业务发展进行了很多有益的探索，积累了一些良好的经验和做法。主要有:

一是积极发挥政策的引导作用。党的十八大以来，原银监会会同国家知识产权局、原工商总局、国家版权局、人民银行等部门联合印发了《关于商业银行知识产权质押贷款业务的指导意见》(银监发〔2013〕6号)、《关于大力推进体制机制创新扎实做好科技金融服务的意见》(银发〔2014〕9号)、《关于提升银行业服务实体经济质效的指导意见》(银监发〔2017〕4号)等政策，就知识产权质押贷款业务的业务授权、业务流程、内部控制、风险管理、外部环境建设等方面提出监管意见和支持措施。

部分银保监局结合当地经济条件和特色，制定知识产权质押融资的支持政策。陕西银保监局2016年牵头制定《陕西知识产权质押贷款管理办法(试行)》，重点推动中小微企业知识产权质押融资业务发展；北京银保监局2015年参与印发《关于进一步推动首都知识产权金融服务工作的意见》，推动营造促进知识产权金融服务发展的良好环境。

二是商业银行改革经营理念、进行产品创新，有力推动知识产权质押融资业务发展。建设银行广东省分行开发“技术流”信贷评级产品，其结合企业的专利数量、结构和技术含量等指标数据，综合财务情况对企业进行授信，降低了初创型创新企业的融资门槛；浙江泰隆商业银行自主评估大部分商标权、专利权的价值，解决小微企业“融资难、融资急”问题，取得良好社会效应。

三是部分地方政府提供多种形式的财政支持，引导鼓励商业银行开展知识产权质押融资业务。江苏、深圳等地方政府设立风险补偿资金，联合商业银行开发产品，支持开展知识产权质押融资。

四是知识产权质押登记权限下放和改革试点为质押融资提供了便利。在质押登记较为便利的地区，企业和商业银行开展质押融资的积极性明显较高，企业获得融资的速度较快，登记便利化成为推动开展知识产权质押融资的优势。

三、商业银行开展知识产权质押融资主要面临哪些困难？有什么解决思路？

答：近年来，知识产权质押融资规模持续增长，产品不断创新，但实践中仍存在一些困难制约着此类业务的发展。一是价值评估难。一方面，从“海量”的知识产权中梳理出真正有独立市场价值的权利十分困难。另一方面，知识产权价值评估具有较强的专业性，商业银行缺乏独立评估的能力，外部评估机构数量较少、权威性不足、费用偏高。二是处置变现不易。多数知识产权具有专属性质，脱离原企业后效用下降明显，处置变现缺乏成熟的市场。

针对这些实践中的困难，此次银保监会会同国家知识产权局、国家版权局积极研究解决问题的方法，发布《关于进一步加强知识产权质押融资工作的通知》，提出一系列政策措施。

对于评估难的问题。《通知》鼓励商业银行培养知识产权质押融资专门人才，建立知识产权资产评估机构库，加强对知识产权第三方资产评估机构的合作准入与持续管理。逐步建立和完善知识产权内部评估体系，加强内部风险评估、资产评估能力建设，探索开展内部评估。支持商业银行探索以协商估值、坏账分担为核心的中小微企业知识产权质押融资模式。各银保监局、地方知识产权管理部门、地方版权管理部门也要推动建立知识产权资产评估机构库、专家库和知识产权融资项目数据库，推进知识产权作价评估标准化，为商业银行开展知识产权质押融资创造良好条件。

对于处置难的问题。《通知》首先要求商业银行从源头上把好风险，商业银行开展知识产权质押融资业务应当对出质人及质物进行调查，办理质权登记，加强对押品的动态管理，定期分析借款人经营情况，对可能产生风险的不利情形要及时采取措施。同时，有关部门将加强对商业银行知识产权押品动态管理的专项服务，联合商业银行探索知识产权质物处置、流转的有效途径，充分发挥国家知识产权运营公共服务平台等各类知识产权交易平台作用，做好质物处置工作。

四、《通知》主要包括哪些内容？

答：《通知》主要内容包括：一是强调优化知识产权质押融资服务体系。《通知》要求银行保险机构提高思想认识，高度重视知识产权质押融资工作的重要性，支持具有发展潜力的创新型（科技型）企业。要求大型银行、股份制银行指定专门部门负责知识产权质押融资工作，鼓励商业银行在风险可控的前提下，通过单列信贷计划、专项考核激励等方式支持知识产权质押融资业务发展，力争知识产权质押融资年累放贷款户数、年累放贷款金额逐年合理增长。二是明确加强知识产权质押融资服务创新。《通知》鼓励商业银行在知识产权打包融资以及地理标志、集成电路布图设计作为知识产权质押物的可行性等方面进行探索。鼓励商业银行重点支持知识产权密集型产业园区、创新型（科技型）小微企业，促成更多小微企业实现知识产权质押“首贷”。为充分发挥保险资金的作用，支持保险机构依法合规投资知识产权密集的创新型（科技型）小微企业。三是要求健全知识产权质押融资风险管理。《通知》要求商业银行加强风险管理，对押品实行动态管理。鼓励商业银行开展内部评估，培养知识产权质押融资专门人才。规定商业银行知识产权质押融资不良率高出自身各项贷款不良率3个百分点（含）以内的，可不作为监管部门监管评级和银行内部考核评价的扣分因素。对经办人员在知识产权质押融资业务办理过程中已经尽职履责的，实行尽职免责。鼓励保险机构在风险可控情况下，为知识产权驱动创新发展提供多种保险服务。四是明确完善知识产权质押融资保障工作。《通知》要求银行保险监督管理部门与知识产权管理部门、版权管理部门建立知识产权金融协同工作机制，加强信息数据共享，共同推动知识产权质押融资相关支持政策的制定和实施工作。推动建立和完善知识产权质押融资的风险分担和损失补偿机制。对于商业银行行使质权获得的知识产权，可按程序减免维持费用。要求知识产权管理部门、版权管理部门进一步完善质押登记、公示信息等方面工作，联合商业银行探索知识产权质物处置的有效途径。

对于业务开展良好的商业银行，可按规定实施监管激励。鼓励商业银行以外的银行业金融机构以及经银保监会或银保监局批准设立的其他金融机构积极开展知识产权质押融资业务。

来源：银保监会网站

中国银行保险监督管理委员会

商业银行股权托管办法

（中国银保监会2019年第2次主席会议通过 2019年7月12日中国银行保险监督管理委员会令2019年第2号公布 自公布之日起施行）

第一章 总 则

第一条 为规范商业银行股权托管，加强股权管理，提高股权透明度，根据《中华人民共和国银行业监督管理法》《中华人民共和国商业银行法》，制定本办法。

第二条 中华人民共和国境内依法设立的商业银行进行股权托管，适用本办法。法律法规对商业银行股权托管另有规定的，从其规定。

第三条 本办法所称股权托管是指商业银行与托管机构签订服务协议，委托其管理商业银行股东名册，记载股权信息，以及代为处理相关股权管理事务。

第四条 股票在证券交易所或国务院批准的其他证券交易场所上市交易，或在全国中小企业股份转让系统挂牌的商业银行，按照法律、行政法规规定股权需集中存管到法定证券登记结算机构的，股权托管工作按照相应的规定进行；其他商业银行应选择符合本办法规定条件的托管机构托管其股权，银保监会另有规定的除外。

第五条 托管机构应当按照与商业银行签订的服务协议，为商业银行提供安全高效的股权托管服务，向银保监会及其派出机构报送商业银行股权信息。

第六条 银保监会及其派出机构依法对商业银行的股权托管活动进行监督管理。

第二章 商业银行股权的托管

第七条 商业银行应委托依法设立的证券登记结算机构、符合下列条件的区域性股权市场运营机构或其他股权托管机构管理其股权事务：

（一）在中国境内依法设立的企业法人，拥有不少于两年的登记托管业务经验（区域性股权市场运营机构除外）；

（二）具有提供股权托管服务所必需的场所和设施，具有便捷的服务网点或者符合安全要求的线上服务能力；

（三）具有熟悉商业银行股权管理法律法规以及相关监管规定的管理人员；

（四）具有健全的业务管理制度、风险防范措施和保密管理制度；

（五）具有完善的信息系统，能够保证股权信息在传输、处理、存储过程中的安全性，具有灾备能力；

（六）具备向银保监会及其派出机构报送信息和相关资料的条件与能力；

（七）能够妥善保管业务资料，原始凭证及有关文件和资料的保存期限不得少于二十年；

（八）与商业银行股权托管业务有关的业务规则、主要收费项目和收费标准公开、透明、公允；

（九）最近两年无严重违法违规行为或发生重大负面案件；

（十）银保监会认为应当具备的其他条件。

第八条 商业银行选择的股权托管机构应具备完善的信息系统，信息系统应符合以下要求：

（一）能够完整支持托管机构按照本办法规定提供各项股权托管服务，系统服务能力应能满足银行股权托管业务的实际需要；

（二）股权托管业务使用的服务器和存储设备应自主维护、管理；

（三）系统安全稳定运行，未出现重大故障且未发现重大安全隐患；

（四）业务连续性应能满足银行股权管理的连续性要求，具有能够全面接管业务并能独立运行的灾备系统。

（五）能够保留完整的系统操作记录和业务历史信息，并配合银保监会及其派出机构的检查；

（六）能够支持按照本办法的要求和银保监会制定的数据标准报送银行股权托管信息。

第九条 商业银行选择的托管机构应对处理商业银行股权事务过程中所获取的数据和资料予以保密。

第十条 商业银行应当与托管机构签订服务协议，明确双方的权利义务。服务协议应当至少包括以下内容：

（一）商业银行应向托管机构完整、及时、准确地提供股东名册、股东信息以及股权变动、质押、冻结等情况和相关资料；

（二）托管机构承诺勤勉尽责地管理股东名册，记载股权的变动、质押、冻结等状态，采取措施保障数据记载准确无误，并按照约定向商业银行及时反馈；

（三）托管机构承诺对在办理托管事务过程中所获取的商业银行股权信息予以保密，服务协议终止后仍履行保密义务；

（四）商业银行与托管机构应约定股权事务办理流程，明确双方职责；

（五）托管机构承诺按照监管要求向银保监会报送相关信息；

（六）商业银行股权变更按照规定需要经银保监会或其派出机构审批而未提供相应批准文件的，托管机构应拒绝办理业务，并及时向银保监会或其派出机构报告；

（七）有下列情形之一的，托管机构应向银保监会或其派出机构报告：

1. 托管机构发现商业银行股权活动违法违规的；

2. 托管机构发现商业银行股东不符合资质的；

3. 因商业银行原因造成托管机构无法履行托管职责的；

4. 银保监会要求报告的其他情况。

（八）如托管机构不符合本办法规定的相关要求，或因自身不当行为被银保监会或其派出机构责令更换或列入黑名单，商业银行解除服务协议的，相应的责任由托管机构承担。

商业银行在本办法发布前已与托管机构签订服务协议，且服务协议不符合本办法要求的，需与托管机构签订补充协议，并将上述要求体现于补充协议中。

第十一条 商业银行应当自与托管机构签订服务协议之日起五个工作日内向银保监会或其派出机构报告。报告材料应包括与托管机构签订的服务协议以及托管机构符合本办法第七条、第八条所规定资质条件的说明性文件等。

商业银行与托管机构重新签订、修改或者补充服务协议的，需重新向银保监会或其派出机构报告。

第十二条 商业银行应当在签订服务协议后，向托管机构及时提交股东名册及其他相关资料。商业银行选择的托管机构，应能够按照服务协议和本办法的要求办理商业银行股东名册的初始登记。

第十三条 商业银行选择的托管机构，应能在商业银行股权发生变更时，按照服务协议和本办法的要求办理商业银行股东名册的变更登记。商业银行股权被质押、锁定、冻结的，托管机构应当在股东名册上加以标记。

商业银行选择的托管机构，在办理商业银行股权质押登记时，应符合工商管理部门的相关要求。

第十四条 商业银行可以委托托管机构代为处理以下股权管理事务：

（一）为商业银行及商业银行股东提供股权信息的查询服务；

（二）办理股权凭证的发放、挂失、补办，出具股权证明文件等；

（三）商业银行的权益分派等；

（四）其他符合法律法规要求的股权事务。

第十五条 有下列情形之一的，商业银行应及时更换托管机构：

（一）因在合法交易场所上市或挂牌，按照法律法规规定必须到其他机构登记存管股权的；

（二）托管机构法人主体资格消亡，或者发生合并重组，且新的主体不符合本办法规定的资质条件的；

（三）托管机构违反服务协议，对商业银行和商业银行股东的利益造成损害的；

（四）托管机构被银保监会列入黑名单的；

（五）银保监会或其派出机构认为应更换托管机构的其他情形。

发生前款规定情形的，托管机构应当妥善保管商业银行股权信息，并根据商业银行要求向更换后的托管机构移交相关信息及资料。

第三章　监督管理

第十六条　商业银行有下列情形之一的，银保监会或其派出机构应当责令限期改正；逾期未改正的，银保监会或其派出机构可以区别情形，按照《中华人民共和国银行业监督管理法》第三十七条的规定采取相应的监管措施；情节严重的，可根据《中华人民共和国银行业监督管理法》第四十六条、第四十八条的规定实施行政处罚：

（一）未按照本办法要求进行股权托管的；

（二）向托管机构提供虚假信息的；

（三）股权变更按照规定应当经银保监会或其派出机构审批，未经批准仍向托管机构报送股权变更信息的；

（四）不履行服务协议规定，造成托管机构无法正常履行协议的；

（五）银保监会责令更换托管机构，拒不执行的；

（六）其他违反股权托管相关监管要求的。

第十七条　托管机构有下列情形之一的，银保监会或其派出机构可责令商业银行更换托管机构：

（一）不符合本办法第七条、第八条规定的资质条件；

（二）服务协议不符合本办法第十条规定和其他监管要求；

（三）股权变更按照规定应当经银保监会或其派出机构审批，未见批复材料仍为商业银行或商业银行股东办理股权变更；

（四）办理商业银行股权信息登记时未尽合理的审查义务，致使商业银行股权信息登记发生重大漏报、瞒报和错报；

（五）未妥善履行保密义务，造成商业银行股权信息泄露；

（六）未按照本办法和服务协议要求向银保监会或其派出机构提供信息或报告；

（七）银保监会或其派出机构认为应更换托管机构的其他情形。

第十八条　银保监会建立托管机构黑名单制度，通过全国信用信息共享平台与相关部门或政府机构共享信息。

第四章　附　　则

第十九条　在中华人民共和国境内依法设立的其他银行业金融机构，参照适用本办法。银保监会另有规定的，从其规定。

第二十条　本办法由银保监会负责解释。

第二十一条　本办法自公布之日起施行。

银保监会有关部门负责人就《商业银行股权托管办法》答记者问

银保监会近日印发《商业银行股权托管办法》（以下简称《办法》）。银保监会有关部门负责人回答了记者提问。

一、发布《办法》的背景是什么？

答：2018 年初，银保监会印发了《商业银行股权管理暂行办法》，其中明确提出商业银行应建立股权托管制度。实践中看，部分商业银行进行了股权托管，总体上提高了股权管理水平，降低了股权管理成本。但也存在一些不规范之处，如托管机构硬件条件、服务水平参差不齐，部分存在股权“形式托管”现象，未能发挥股权托管的作用。为充分发挥股权托管作用，规范银行股权托管行为，提高银行股权信息透明度与股权管理水平，银保监会组织起草了《办法》。

二、《办法》对股权托管的总体要求是什么？

答：首先，商业银行应按照《办法》选择符合要求的托管机构。对于上市、在新三板挂牌的商业银行，《证券法》等相关法律法规对其股权托管提出了明确要求的，其股权托管按照现有法律法规进行。对于未上市的商业银行，现行法律法规未对其股权托管提出明确要求，其股权管理高度依赖公司自治。

近年来，部分银行因公司治理水平较弱出现了一些股权乱象。因此，银保监会根据《银行业监督管理法》，从审慎监管角度，要求未上市的商业银行按照市场化原则将股权托管至依法设立的证券登记结算机构、符合《办法》规定且不在黑名单中的区域性股权市场运营机构或其他股权托管机构。

另外，商业银行与托管机构签订服务协议，应完整列入《办法》规定的监管要求，对于已经托管的商业银行，未在协议中列入要求的，应签订补充协议。

三、商业银行选择的托管机构应满足那些要求？

答：商业银行选择的托管机构主要应满足这些条件：一是能够勤勉尽责为商业银行管理好股东名册；二是能够为商业银行提供便捷、安全、高效的服务；三是托管收费能够做到公开、透明、公允；四是能够对商业银行股权活动进行有效监督，并向监管部门报送商业银行股权信息。

四、商业银行股权托管工作有哪些过渡期安排？

答：在《办法》发布的同时，我们配套印发了《关于做好商业银行股权托管办法实施相关工作的通知》，对商业银行股权托管和股权确权工作明确了过渡期安排。对于股权托管，我们设置了过渡期，未托管的商业银行应在2020年6月底前按《办法》要求完成托管，已托管、但不符合《办法》要求的，应在同一时间期限内完成整改；对于股权确权，应当与股权托管工作同时进行，商业银行应在2020年6月底前完成不低于80%的股权确权，在2021年12月底前完成全部股权的确权（因特殊原因无法确权的除外）。

五、根据社会公众意见对《办法》做了哪些修改？

答：《办法》公开征求意见期间，银行、股权托管机构、专家学者等从法律依据、条款理解、实践做法、文字表述等方面提出了很好的意见和建议，我们对这些意见和建议都进行了认真的研究。其中大部分意见均认为股权托管具有积极意义，有的股权托管机构也提出愿意承担商业银行股权托管职责，并积极配合落实《办法》相关要求。此外，我们还根据公众意见，对《办法》部分条款进行了修改完善，充分考虑实践情况，合理设置过渡期，进一步增强可操作性。

来源：银保监会网站

中国证券监督管理委员会

境外证券期货交易所驻华代表机构管理办法

（中国证券监督管理委员会2019年第1次委务会议审议通过
2019年7月25日证监会令第157号公布
自公布之日起施行）

第一章 总 则

第一条 为规范境外交易所驻华代表机构的设立及其活动，根据《中华人民共和国证券法》《期货交易管理条例》《外国企业常驻代表机构登记管理条例》等有关法律法规，制定本办法。

第二条 本办法所称境外交易所，包括境外证券交易所、期货交易所、证券期货自动报价或者电子交易系统或者市场，以及中国证券监督管理委员会（以下简称中国证监会）认定的其他境外交易所。

本办法所称境外交易所驻华代表机构（以下简称代表处），是指境外交易所在中国境内依法设立并专门从事联络、调研等非营利性活动的常驻代表机构，以及中国证监会认定的其他代表机构。

第三条 中国证监会根据审慎监管的原则，依法对代表处进行监管。中国证监会派出机构在中国证监会授权范围内对本辖区的代表处进行监管。

代表处自愿加入证券、期货行业组织，接受自律管理。

第二章 设立备案

第四条 境外交易所应当在代表处完成登记注册后5个工作日内向其所在

地中国证监会派出机构提交下列备案材料，并对材料真实、准确与完整负责：

（一）境外交易所出具的致中国证监会的备案申请书；

（二）所在国家或者地区有关主管当局核发的、经中国驻该国使（领）馆认证的营业执照或者合法开业证明等复印件；中国缔结或者参加的国际条约另有规定的除外；

（三）境外交易所章程、管理架构、股权结构图、业务范围、主要业务规则、管理制度、内控机制等说明以及董事会（理事会）成员、管理层人员名单及简介；

（四）境外交易所提交备案材料之日起过往3年的年报；

（五）境外交易所出具的首席代表授权书；

（六）就拟任首席代表最近3年是否存在重大违法违规行为受到处罚情形的声明；

（七）拟任首席代表的身份证明、简历、联系方式及家庭住址等信息；

（八）由拟任首席代表签署的致中国证监会的承诺书；

（九）代表处登记证复印件；

（十）代表处基本信息，包括但不限于名称、住所地、办公场所的电话和传真、业务范围、管理制度、内部机构设置及工作人员信息；

（十一）中国证监会要求提交的其他文件。

本条所列除第（四）项外，凡用外文书写的文件，均需附中文译本。

第五条 备案材料齐备的，代表处所在地中国证监会派出机构应当将备案材料及时报送中国证监会，中国证监会应当在5个工作日内对备案代表处的名称、变更、撤销及相关材料等信息予以公示；备案材料不齐备的，代表处所在地中国证监会派出机构应当要求境外交易所补充齐备。

第六条 代表处主要负责人为首席代表。首席代表不得由境外交易所总部或者地区总部人员兼任，也不得在中国境内任何营利性机构任职。首席代表有兼职行为的，境外交易所应当更换首席代表。

第三章 变更与撤销

第七条 代表处变更名称，应当向其所在地中国证监会派出机构提交境外交易所出具的书面报告，说明更名原因，并提交代表处更名后的登记证及中国证监会要求的其他文件。境外交易所因控制股权发生变更、合并、重组、被接管等原因导致代表处更名，境外交易所应当按本办法第四条要求重新备案。

代表处变更首席代表，应当在市场监督管理部门办理变更登记手续后向其所在地中国证监会派出机构书面报告并提交本办法第四条（五）至（九）项规定的材料。

代表处变更办公场所，自变更之日起5个工作日内，应当向其所在地中国证监会派出机构书面报告新办公场所电话、传真、通信地址。

第八条 代表处撤销，应当在启动撤销工作前20个工作日向其所在地中国证监会派出机构书面报告，撤销报告应当由境外交易所出具，并在市场监督管理部门办理注销登记后5个工作日内向其所在地中国证监会派出机构书面报告。

代表处撤销后，未了事宜由其境外交易所承担责任。

第四章 监督管理

第九条 代表处及其工作人员不得与法人或者自然人签订可能给代表处或者其境外交易所带来收入的协议或者合同，不得从事或者变相从事任何营利性活动，不得向境内单位或者个人提供交易直接接入服务，不得通过境外交易所会员等机构以任何形式向境内单位或者个人提供交易服务以及其他法律、法规规定的禁止性活动。

第十条 代表处及其工作人员只可面向机构或者企业进行市场介绍。

市场介绍指代表处及其工作人员对机构或者企业举办的培训、会议、座谈等非营利性活动。代表处举办面向机构或者企业的市场介绍，应当在活动结束后5个工作日内将有关情况报送代表处所在地中国证监会派出机构。

代表处及其工作人员进行市场介绍时，不得涉及具体产品；不得介绍开户、交易方式、交易费用等具有交易导向的内容；不得提出或者接受买卖任何证券、期货合约和其他金融产品的要约。

第十一条 代表处应当于每一年度结束之日起4个月内，向其所在地中国证监会派出机构报送上年度中文工作报告，工作报告包括但不限于其交易所上市交易的中国公司、中资会员的情况。代表处应当在其境外交易所会计年度结束之日起4个月内向其所在地中国证监会派出机构报送其境外交易所上一年度年报。

第十二条 境外交易所有下列情形之一的，代表处应当自事件发生之日起10个工作日内，向其所在地中国证监会派出机构提交中文书面报告：

（一）章程、业务许可、名称、注册资本或者注册地址变更；

（二）分立、合并或者其他重大并购重组活动；

（三）董事长（理事长）、总经理、法定代表人或者主要负责人变动；

（四）经营严重亏损或者财务严重困难；

（五）所在国家或者地区的金融监管当局对其采取调查、处罚、纪律处分或者和解等措施；

（六）对经营有重大影响的其他事项。

第十三条 中国证监会或者其派出机构可以对代表处进行定期或者不定期现场或者非现场检查。

代表处违反本办法，中国证监会或者其派出机构可以对代表处的首席代表和其他直接责任人员采取责令整改、监管谈话、出具警示函等监管措施；情节严重的，中国证监会或者其派出机构可以对代表处的首席代表和其他直接责任人员采取证券期货市场禁入的措施。

第五章 法律责任

第十四条 境外交易所未经省、自治区、直辖市人民政府市场监督管理部门登记而在中国境内设立代表处或者从事代表处活动的，中国证监会派出机构通知当地市场监督管理部门依法予以处理。境外交易所在市场监督管理部门办理代表处登记注册后，未向其代表处所在地中国证监会派出机构备案或者逾期未提交备案材料，由中国证监会或者其派出机构责令改正；逾期不改正的，给予警告并处以3万元以下罚款。

第十五条 代表处及其工作人员非法经营证券期货业务的，由中国证监会或者其派出机构按照《中华人民共和国证券法》《期货交易管理条例》等法律、法规进行处罚。

代表处及其工作人员违法从事证券期货业务以外营利性活动的，中国证监会派出机构通知市场监督管理等相关部门依法予以处理。

第十六条 代表处登记注册后，代表处及其工作人员违反本办法规定，有下列行为之一的，由中国证监会或者其派出机构责令改正，给予警告并处以3万元以下罚款；情节严重的，由中国证监会取消备案：

（一）提交虚假材料或者采取其他欺诈手段隐瞒真实情况，进行代表处备案的；

（二）未按规定向中国证监会派出机构报送报告、资料或者报送的报告、资料隐瞒真实情况、弄虚作假的；

（三）开展市场介绍未按规定报告的；

（四）拒绝、阻碍中国证监会或者其派出机构检查、监管或者不如实提供文件、资料的；

（五）其他违反法律、法规的行为。

第十七条 中国证监会依据本办法相关规定，将代表处及其工作人员的违法违规失信行为纳入证券期货诚信档案数据库，依据相关规定予以公示，并通报境外监管当局。

第六章 附 则

第十八条 本办法自公布之日起施行。香港特别行政区、澳门特别行政区的交易所在内地和台湾地区的交易所在大陆设立代表处，参照本办法办理。原《境外证券交易所驻华代表机构管理办法》（证监会令第44号）同时废止。

自本办法施行起12个月以内，已在境内设立办事机构或者从事代表处活动的境外交易所，应当向中国证监会相关派出机构进行备案。

[地方司法业务文件与解读]

中共浙江省委全面深化改革委员会办公室
浙江省最多跑一次改革办公室　浙江省高级人民法院
浙江省发展和改革委员会　浙江省公安厅　浙江省财政厅
浙江省人力资源和社会保障厅　浙江省自然资源厅
浙江省住房和城乡建设厅　浙江省市场监督管理局
浙江省地方金融监督管理局　浙江省人民检察院
国家税务总局浙江省税务局　中国人民银行杭州中心支行
中国银行保险监督管理委员会浙江监管局

浙江省优化营商环境办理破产便利化行动方案

2019年8月30日　　浙高法〔2019〕139号

为深化"最多跑一次"改革，全面优化营商环境，结合近年来浙江破产审判工作实践，积极推进办理破产便利化，特制定以下行动方案。

一、总体工作目标

坚决落实党中央、国务院和省委、省政府进一步优化营商环境决策部署，着力解决长期困扰破产审判的企业注销、信用修复、税收减免等痛点难点，积极开展个人破产制度试点工作，大力推进破产案件简易审理，实现无产可破等适用简易程序审理的破产案件一般在6个月内办结；加强执行与破产程序衔接，提高信息化、智能化水平，推进浙江破产审判工作市场化、法治化、常态化，营造稳定、公平、透明和可预期的营商环境。

二、主要工作任务

（一）加强部门合作，破解破产难题

1. 建立破产审判府院联席会议制度。由省领导领衔，省法院、省发展改革委、省公安厅、省检察院、省财政厅、省人力社保厅、省自然资源厅、省建设厅、省市场监管局、省地方金融监管局、浙江省税务局、人行杭州中心支行、浙江银保监局等部门参加，建立破产审判府院联席会议制度，定期会商解决破产审判中的工作难题。各部门建立协调联系人，确保具体案件处理、政策协调时能够在十个工作日内答复工作进展。各市、县（市、区）要加快建立破产审判府院联席会议制度，着力破解办理破产难题。

2. 设立破产援助资金。省财政厅牵头指导有条件的市、县（市、区）于12月底前设立专项破产援助资金，解决无产可破或者缺乏启动资金的企业破产程序启动和推进问题。

3. 破解破产税务难题。浙江省税务局要在9月底以前提出措施，着力破解企业破产程序中税务发票领用、税务注销、税收滞纳金核销、税收优惠政策落实、破产重整企业税收信用修复等方面存在的问题。

4. 推动简易注销便利化。省市场监管局牵头在8月底以前提出破产企业简易注销的标准、要求和步骤，在其内部系统增设破产企业注销选项，明确凭借破产终结裁定书即可办理相关注销手续，由破产管理人向市场监督管理部门申请注销。

破产管理人在向市场监督管理部门申请简易注销前应当持破产终结裁定书向税务部门办结税务注销手续。

5. 积极探索破产土地、房产处置措施。省自然资源厅会同省建设厅加强工作指导，支持各地积极探索，对符合相关要求、具备独立分宗条件的土地，经自然资源、建设等相关部门审核，报当地政府批准后，允许分割转让，降低大宗土地、房产处置难度；简化破产财产过户手续，为加快财产处置提供有力支持手段。

6. 强化逃废债立案查处。各级公安、检察、法院要严格按照《关于依法打击恶意逃废债的指导意见》的要求，加大对逃废债行为的打击力度。切实落实《中共浙江省委 浙江省人民政府关于完善产权保护制度依法保护产权的

实施意见》的要求，法院受理破产案件后，相关单位应当严格按照《中华人民共和国企业破产法》《中华人民共和国刑事诉讼法》等法律规定，依法解除有关债务人企业的保全措施以及刑事查封、扣押、冻结等强制措施。

7. 优化破产企业职工社保工作。对于破产企业已为员工在社保经办机构办理社保参保，但未能向税务部门缴纳社会保险费，产生相关社会保险费欠费的情形，省人力社保厅要在8 月底前提出解决措施。

8. 优化破产企业信用管理。人行杭州中心支行要进一步研究并督促商业银行落实破产企业信用修复，配合破产管理人管理企业账户；推动出台简化重整程序中银行债权人减免破产企业债务所需履行的手续等方面的措施。

（二）创新工作机制，提高专业化水平

1. 设立专门的破产法庭。省法院要向最高人民法院提交申请，探索在破产案件受理数量较多、破产审判工作开展较好地区的中级法院和基层法院设立专门的破产法庭，提升破产审判的专业化水平。地方党政在人、财、物方面要对破产法庭的设立提供大力支持。

2. 培养专业的破产审判团队。对于暂不具备设立专门破产法庭条件的地区，各中级法院、基层法院应设立专门负责破产审判业务的合议庭，实现破产案件审理的集中化、专业化。每年定期组织破产业务培训，通过会议研讨、论文征集等形式，研究房地产企业破产、关联企业破产、破产财产处置等重点问题，提升破产审判人员专业素养。

3. 积极探索个人破产的试点工作。省法院要向最高人民法院提出申请，积极争取在温州、台州等地法院开展个人破产制度试点工作，为破产审判探索新的制度通道。

（三）推进破产案件简易审理，缩短破产案件周期

1. 制定破产案件简易审理规范性文件。针对破产案件周期长、效率低的问题，探索破产案件繁简分流、快慢分道。省法院要在9 月底以前制定专门的破产案件简易审理的规范性文件，在确保利害关系人程序和实体权利不受损害的前提下，对于债权债务关系明确、债务人财产状况清楚、破产财产可能不足以支付破产费用、债务人与全体债权人就债权债务处理自行达成协议等破产案件，实行简易审理，切实提高办案效率。

2. 充分发挥执行程序的功能作用。人民法院在执行转破产案件中要充分发挥执行程序简便快速功能，探索执行程序替代简易破产程序。对于债务人企业资产较少、债权债务关系清晰、债权人人数较少的案件，探索由执行部门员

额法官与破产审判部门员额法官组成联合合议庭审理案件；探索破产办案平台与执行办案平台的对接，通过执行办案平台查询、控制债务人企业的资产；探索在执行程序中进行财产处置提高破产案件审理效率；探索在破产程序中运用执行强制措施，推进执行程序与破产程序的协作和深度融合。

（四）加强破产审判信息化建设，便利破产财产处置

1. 推动网络司法拍卖。各级人民法院要积极探索更加符合破产案件特点的财产网络拍卖方式，单设破产财产网络拍卖板块，适时研究制定破产财产网络司法拍卖规则，提高破产财产处置效率，实现破产财产价值最大化。

2. 推动债权人会议网络化。鼓励破产案件审理法院采用召开网上债权人会议等方式深度运用信息化手段，便利债权人参会，提高审判效率。

3. 优化浙江省办案工作平台与全国法院破产重整信息平台的对接。省法院要进一步优化浙江省法院办案工作平台与全国法院破产重整案件信息平台的对接。利用全国法院破产重整信息平台的网上立案端口，通过网上预约立案渠道探索网上立案、跨域立案，降低立案成本。通过“一网两平台”同步生成破产审判电子信息数据，加大司法公开力度。

（五）提升破产管理人履职能力和业务水平

1. 完善破产管理人考核制度，实现动态管理。省法院要在完成省级管理人扩容工作的基础上，优化破产管理人考核机制，12 月底前制定破产管理人考核办法，强化人民法院、债权人会议等对破产管理人工作的监督。对于典型的破产管理人违法行为，要严格依法追究责任。

2. 加强破产管理人履职保障。充分发挥浙江省破产管理人协会的作用，加强与各地区破产管理人协会的联系，加强破产管理人报酬保障资金、接管债务人企业财产、查询债务人企业资产状况等方面的履职保障。

3. 开展业务培训，提升业务水平。依托省破产管理人协会、省律师协会和省注册会计师协会，定期开展业务培训、专题调研，适时举办业务论坛，提升破产管理人履职能力。

三、工作实施保障

（一）加强组织领导

办理破产涉及面广，关注度高，社会敏感度高，各地改革办（跑改办）要加强统筹，各级法院、发改委（局）、公安局、财政局、人力社保局、自然资源局、建设局、市场监管局、金融办、检察院、税务局、人民银行、银保监

分局等要加强部门合作，协同推进。建立健全破产审判府院联席会议机制，联席会议各成员单位指定专人负责有关任务的落实和对接。联席会议办公室建立定期例会制度，加强协同配合，优化破产审判的外部环境。各级法院成立优化营商环境破产专项小组，民事庭、立案庭、执行局、审管处（科）共同参加，不断提高办理破产执行力。

（二）注重宣传培训

要充分认识办理破产便利化行动对优化营商环境的重大意义，向社会公众传播正确的破产保护理念，向企业宣传破产保护文化，提升社会各界对破产制度的认识水平，提高办理破产便利化行动的知晓度。政府各相关部门对出台的文件要加强条线宣贯落实，不断增强业务能力。

（三）强化监督落实

各地各部门要强化对办理破产改革工作情况的跟踪研判，协调协商解决改革中的问题，及时总结推广最佳实践案例。结合营商环境评价及抽样调查，发现短板问题，及时整改，确保各项任务举措落到实处，提升群众和企业的获得感。

重庆市高级人民法院
民营企业法律风险防控提示书

（2019年1月23日发布）

前　言

改革开放40年来，民营企业蓬勃发展，民营经济从小到大、由弱变强，在稳定增长、促进创新、增加就业、改善民生等方面发挥了重要作用，成为推动经济社会发展的重要力量。目前，一些民营企业在经营发展中遇到不少困难和问题，这些困难和问题成因是多方面的，是外部因素和内部因素、客观原因和主观原因等多重矛盾问题碰头的结果。其中，法律风险是民营经济在生产经营中必然要面对和防范的。发布民营企业法律风险防控提示书，有利于民营企业加强自我风险防控，也有利于法院在案件办理中准确适用法律，共同努力构建稳定、公平、透明的法治化营商环境。

一、合同的订立与履行

1. 合同关系主体

根据合同相对性原则，通常情况下，合同只能约束签约双方，对第三人不产生约束力。如果签约主体和履行主体不一致，往往会在合同履行过程中出现纠纷，对合同双方都可能存在维权障碍。

风险点：

（1）合同相对人的主体身份。实践中，有部分公司、企业缺少警惕意识，在对方负责人出席签订合同时，没有要求对方公司、企业加盖公章，导致双方因合同关系的主体是个人还是单位产生争议，从而发生不必要的纠纷。或者未要求出席的代表出具授权委托书并签字，一旦加盖的公章存在瑕疵，将为合同效力带来难以预见的风险。

（2）合同签订人签订合同的权利。部分公司企业为达到经济交易快捷、简便的目的，签订合同方式多样化，对合同关系主体及签订人审查过于简单，易出现表见、越权代理、授权失效等情况，产生合同无效或效力待定的纠纷。

（3）法律对某些行业的从业资格作了限制性规定，如广告企业必须要有广告经营许可证，印刷企业必须要有出版物印制许可证，医药企业必须要有相应的国家药品生产或经营许可证等，机械制造业生产压力容器要有生产许可证，不具有相应的资质证书可能对合同效力产生影响。

（4）关于内设机构签订合同的问题。在一些大型活动中，主办方以某某办公室名义签订合同，这种情况下企业应特别谨慎。内设机构本身不具有合同主体资格，很可能导致合同无效。如果遇到这种情况，履约方一定要让对方的公司或法定代表人签章。

2. 合同履行规则

合同履行规则，是指法律规定的适用于某类合同或某种情形，当事人履行合同时必须共同遵守的具体准则。合同履行的规则主要涉及履行的主体、履行的标的和履行的方法。

风险点：

（1）因语言多义导致价款计算差异。实践中部分企业在合同中约定了价款的多种计算方式，但未注意多种计算方式之间的协调性，导致不同计算方式之间的经济利益差距巨大，引发诉讼纠纷。

（2）结算人员、方式、流程约定不明。部分企业对双方结算人员未明确约定，对账方式混乱，常以电话、邮寄的方式与对方公司进行沟通，且不注意固定证据，以致在诉讼过程中举证困难，从而给己方造成经济损失。

（3）付款时间约定不明。有些企业以一定事件发生作为付款前提，事后难以区分是附条件还是附期限，尤其是当某些事件难以发生时更可能造成企业经济损失。

（4）对产品质量和规格约定不明。在合同签订时应明确产品质量标准和异议期限，对于多规格产品，应明确具体规格。

（5）在合同履行过程中，除了保留往来中形成的原始物证、书证以外，还需要对履行通知义务、协助义务等事实或行为保留证据。这些事实或行为往往难以证明，需要考虑用书面的通知方式以便保留送达证据。

（6）合同终止、变更、解除等，要以书面方式进行，如签订补充协议、终止协议、变更协议，否则风险难以预料。

二、股东权利义务

1. 股东出资

注册资本认缴登记制改革以来，有限责任公司的股东认缴出资额、出资方式、出资期限等由股东自行约定，并记载于公司章程。股东出资不足或逾期出资将给债权人和自身带来风险。

风险点：

（1）债权人的交易风险。股东分期认缴出资已经对外公示，债权人已经知晓或应当知晓，如其自甘冒险或者怠于知晓，可能承担风险。

（2）股东出资认缴期限尚未届至，债权人不能径行要求股东加速履行出资义务。根据法律规定，当公司解散、破产两种法定情形出现时，股东的认缴出资义务加速到期。除此以外应当结合具体情形予以认定。因此，债权人要谨慎选择交易对象。

（3）股东承担连带清偿责任或者补充赔偿责任。股东逾期未能全面履行出资义务的，债权人可根据不同情形要求股东承担连带清偿责任或者补充赔偿责任。

（4）公司减少注册资本时，应由股东会或股东大会作出决议，经代表三分之二以上表决权的股东通过，并编制资产负债表及财产清单、依法通知债权人以及向公司登记机关办理变更登记。对于实行注册资本最低限额的特殊行业，减少后的注册资本还应不少于最低限额。现行法律并未对不当减资股东所应承担的责任作出明确规定，在司法实务中，大多比照股东出资未到位或抽逃出资时的责任来确定不当减资股东的法律责任，即由其在不当减资范围内对公司的债务承担补充赔偿责任。对于其他未减资的股东而言，如其在明知公司负债的情形下仍同意减资股东的减资请求，导致公司无法以自身财产清偿所欠债务的，亦存在就不当减资股东的法律责任承担连带责任的法律风险。

2. 股权转让

有限责任公司的股东之间以及向股东以外的人可以转让其全部或者部分股权，转让股权后，公司应当注销原股东的出资证明书、向新股东签发出资证明书，并相应修改公司章程和股东名册中有关股东及其出资额的记载。

风险点：

（1）混淆转让全部股权和退股。实践中出现将股权转让协议误写成退股协议，其中转让公司全部股份的股东事后以转让协议用词不当、股东变更登记程序不合法为由要求恢复其股东权利，为股权受让方带来不必要的诉累。

（2）忽视公司章程对股权转让的限制。《公司法》规定，公司章程可以对有限责任公司股权的转让规则作出特别约定。因此，在签订股东转让协议前，应查看目标公司章程对股权转让有无特殊约定，评估股权转让的可行性和风险。

（3）转让方是名义股东，如果实际出资人追认的，根据合同法的规定，该转让合同应为有效。但若实际出资人不追认，司法实践中一般按照物权法善意取得制度予以认定——受让方同时满足受让股权时为善意、以合理价格转让以及受让方已在公司股东名册中予以记载或在公司登记机关办理了变更登记三个条件的，可以参照适用物权的善意取得制度。否则，按照《公司法解释三》第26条的规定，实际出资人可请求认定处分股权行为无效。因此，对于受让方来说，若上述任一条件不满足，股权转让行为就可能会被认定为无效，此外也容易给转让方以规避空间，通过后设隐名股东的方式妨碍股权流转。

（4）转让方是实际出资人，若名义股东配合且受让方不需进行工商登记，则不存在操作障碍。若名义股东不配合或受让方要求进行工商登记的，根据《公司法解释三》第25条第3款的规定，应先进入显名化程序，得到其他股东半数以上同意后才能以股东身份维权。换句话说，如果同意股东未及半数则转让方无法取得登记股东的身份，受让方只能通过转让合同追究转让方的责任。

3. 股东清算义务

公司因故解散的，应当在解散事由出现之日起十五日内成立清算组，开始清算。有限责任公司的清算组由股东组成，股份有限公司的清算组由董事或者股东大会确定的人员组成。逾期不成立清算组进行清算的，债权人可以申请人民法院指定有关人员组成清算组进行清算。人民法院应当受理该申请，并及时组织清算组进行清算。

风险点：

（1）未按期成立清算组。有限责任公司的股东、股份有限公司的董事和控股股东未在法定期限内成立清算组开始清算，导致公司财产贬值、流失、毁损或者灭失，债权人主张其在造成损失范围内对公司债务承担赔偿责任的，人民法院应依法予以支持。

（2）怠于履行义务。有限责任公司的股东、股份有限公司的董事和控股股东因怠于履行义务，导致公司主要财产、账册、重要文件等灭失，无法进行清算，债权人主张其对公司债务承担连带清偿责任的，人民法院应依法予以支持。

（3）作为清算组成员的股东，未将公司解散清算事宜书面通知全体已知债权人，并在规定的报纸公告，导致债权人未及时申报债权而未获清偿的，可能承担连带赔偿责任。

4. 股东会决议

股东会是公司的最高权力机构，依法作出的股东会决议具有法律效力，但股东会作出的决议应当做到决议程序合法、内容合法并符合公司章程规定，否则就可能会影响股东会决议的效力。

风险点：

（1）在部分中小企业中，因股东人数较少、股东之间关系密切或者法律意识淡薄等原因不重视股东会，常常出现股东会决议存在问题但不属于法律规定的可撤销或无效的情形，比如未召开股东会或不需要召开股东会但缺少全体股东签名、盖章等。《最高人民法院关于适用〈中华人民共和国公司法〉若干问题的规定（四）》确立了股东会决议不成立，并明确了具体情形，完善了股东会决议瑕疵的救济途径，在规范引领民营企业内部治理、风险防控、维护自身权益等方面提供了充分的依据，为民营企业提供可遵循的规则参考。

（2）借款中应关注公司章程是否记载向他人提供担保的特殊规定。股东（大）会、董事会作出的决议应当做到决议程序合法、内容合法并符合公司章程规定，否则就可能会影响该决议的效力，导致商事行为处于可撤销的风险。

三、国际贸易

企业在进出口业务中的法律风险，主要是不熟悉或者没有遵守国际贸易的相关法律规则。

风险点：

（1）国际商会制定的《国际贸易术语解释通则》完整总结并解释了国际贸易中与交付、价格、费用等密切相关的贸易条件，虽不具有强制性，但对当事人订立和履行合同具有较强规范和指引作用，已成为一种国际惯例被交易各方一致遵守。当事人对该规则理解偏差和适用不规范引发的国际贸易合同纠纷，可通过适用《国际贸易术语解释通则》对合同约定的 CIF 规则进行解释。

（2）防范“D/P—记名提单—D/A”诈骗。无论是 D/P（付款交单）或是 D/A（承兑交单），均是托收的方式。其中 D/A 对卖方的风险最大。对于买方，则是期望从 D/P 变成 D/A，对其资金的周转比较有利，同时也掌握了在付款环节的主动权，可根据市场行情的变化和国家有关政策的变化决定是否付款，何时付款，以及如何付款。在 D/A 方式中，买方可能会通过 FOB 合同和记名提单来实施诈骗，如果采用 FOB 合同成交，买方有可能以负责运输等事宜为由将提单转为记名提单，并利用记名提单的性质即可不凭正本提单提取货物。如果卖方忽略了记名提单与通常使用的指示提单的差异，就会受制于人，蒙受巨大损失。

四、技术服务合同

技术服务合同，是指服务方以自己的技术和劳力为委托方解决特定的技术问题，而委托方接受工作成果并支付约定报酬的协议。

风险点：

（1）合同签订前对合作方技术能力审查不严。部分技术服务企业刻意隐瞒或夸大自身技术条件，进而导致违约，委托方在签订合同前应认真考察对方的技术能力。

（2）技术合同签订不规范。一是对技术成果的验收标准约定不明或者在合同履行过程中对验收标准随意变更。二是对技术成果、后续改进后的相关权利归属约定不明确。三是对技术合同中风险责任与违约责任的约定不明。四是对技术合同中的保密条款约定不合理。

（3）因技术合同用语不规范而产生歧义。行业术语、技术术语在技术服务合同中尤为重要，如果不规范使用极易引发纠纷。比如“独家许可使用”，究竟“独占许可使用”还是“排他许可使用”，不同的解读意味着不同的权利范围。

（4）利用使用现有技术或在现有技术基础上进行后续研发，应对现有技术的权属进行核查。如果现有技术是第三人享有知识产权，则该项现有技术不能自由实施，需要经过许可。但实践中，部分企业不加区别地利用现有技术进行开发，最终因侵犯他人知识产权而停止，导致合同不能履行。另外后续研发的技术成果归属也应明确约定，避免纠纷。

（5）在合同履行过程中，不注重对技术成果等相应证据的固定，比如对不同阶段成果、文件等进行留存。

五、知识产权

1. 商标

风险点：

（1）对注册商标的“源头”维护不够重视，部分企业对他人拟申请注册的已在公示阶段的类似、近似商标不够关注，待该商标使用后挤占己方市场才引起重视。

（2）对注册商标日常流通管理比较粗放，缺乏对经销商正品意识的灌输，对经销商识别正品的培训和指导不够或流于形式，导致自身利益受侵害。实践中，存在因商标注册人不主动、积极宣传商品真伪，导致经销商缺乏辨别正品的能力和手段，误购侵权商品并予以销售的情形。

（3）维权手段单一。商标注册人发现侵权行为后，选择向人民法院起诉维权的较多。尽管司法是权利保障的最后一道防线，但由于诉讼程序复杂，部分侵权人可能会穷尽一切诉讼手段，以致维权周期较长。

（4）忽视防伪技术在注册商标上的应用。部分企业使用的商标中防伪技术含量不高，仿冒成本较低。从重庆法院审理的多个被侵权注册商标案件发现，涉案商标易于复制、仿冒，导致侵犯注册商标专用权的行为易于发生。

2. 商业秘密

风险点：

商业秘密案件因证据复杂、隐蔽，通常审理难度较大。特别是，因员工离职等带来的商业秘密保护问题一直是司法实践中的难点。公司员工负有对公司的忠实义务，可在劳动合同中明确约定其内容，包括对工作中接触到的经营信息进行保密的义务。如果员工明知公司的相关管理规定及客户名单的非公开性和商业价值，但仍私自与其他公司的客户进行交易，来往频繁，构成披露、使用、允许他人使用原公司经营信息的行为，侵害了原公司的商业秘密。其他公司不正当地获取、使用了他人的商业秘密，构成共同侵权。

3. 著作权

风险点：

KTV 经营企业与著作权集体管理组织签订音乐电视作品著作权许可使用合同并支付了著作权许可使用费，但实践中部分企业未严格依照合同约定在该著作权集体管理组织享有著作权的音乐电视作品范围内使用相关作品，容易引发纠纷。

六、消费者个人信息保护

随着信息化技术的不断升级，个人信息安全问题也日益突出，个人信息已不仅是个人隐私问题，更是个人隐私权、财产权甚至人身安全等重要权利的“钥匙”。民营企业在经营过程中如果不重视消费者个人信息保护，不仅会损害消费者权利，甚至可能损及自身商业信誉、利益乃至触犯刑法。

风险点：

（1）部分民营企业在经营过程中获取了大量客户的个人信息，但没有充分意识到个人信息对于公民的重要性并欲以此牟利，甚至在案件起诉至法院时仍未意识到违法使用个人信息的严重性。人民法院对此类合同的有效性将严格审查，并合理确定赔偿责任，对可能构成违法犯罪的将以司法建议或其他合法形式提请市场监管部门、公安部门等相关部门进行调查。

（2）《刑法修正案（九）》以及《最高人民法院、最高人民检察院关于办理侵犯公民个人信息刑事案件适用法律若干问题的解释》对侵犯公民个人信息的犯罪行为进行了详细规定，民营企业在经营中一定要严格遵守相关法律法规，避免踩红线。

七、建设工程施工合同

建设工程所涉款项一般金额较大，且承包人必须具有一定的资质，实践中不规范的合同行为极易造成诉讼纠纷。

风险点：

（1）违法发包承包工程。部分参与建筑活动的市场主体法治意识淡薄，将工程发包给不具有相应承包资质等级或无资质的承包方，或承包方将资质出借给无资质或资质等级不够的单位使用收取管理费，或者将其承接的工程违法转包、非法分包获取中间利益。实际施工人为获取更大的利润空间，往往只能牺牲工程质量，容易引发纠纷。

（2）合同签订及价款结算不规范。部分承包方及实际施工人未签订建设工程施工合同，或者合同文本不规范，对主要条款如人工、材料、结算程序、结算人员等约定不明引发纠纷。部分建设工程合同中，公司印章造假情况突出，部分有资质的公司默许无资质的个人或企业违法私刻其印章并以其名义对外承接工程，一旦发生纠纷，印章载明的公司往往以印章并非其公司印章予以否认。部分承包方、实际施工人在签订合同和结算时，不注意审查对方的身份和权限，导致签订的合同和结算文件对发包方不发生法律效力。

（3）实际施工人证据意识淡薄。以自然人、个体工商户和小微企业为主的实际施工人大多数缺乏证据收集意识，对增量工程、工程交付、竣工验收、结算程序等未及时通过签证单等书面证据固定，或者对已形成的证据未妥善保管，导致诉讼中举证困难，权利难以得到有效保护。

八、劳动纠纷

劳动合同法明确了劳动合同双方当事人的权利和义务，违反相关规定会导致用人单位用工成本增加。

风险点：

（1）民营企业不与劳动者签订书面劳动合同，劳动者有权请求企业支付双倍工资。民营企业不与职工签订书面劳动合同超过一年，视为与职工订立无固定期限劳动合同。民营企业不与职工签订书面劳动合同，职工可随时辞职，且不承担违约责任。

（2）用工单位违反法律、法规规定将承包业务转包给不具有用工主体资格的组织或自然人，该组织或自然人聘用的劳动者请求确认与用工单位之间存在劳动关系的，法院不予支持。但如果该组织或自然人聘用的职工从事承包业务时因工伤亡的，该用工单位应当承担工伤保险待遇赔付责任。

（3）劳动关系解除后，用人单位未在规定期限内将失业人员的名单、档案提交社会保险经办机构致使劳动者不能享有失业保险待遇的，用人单位应当承担赔偿责任。

（4）用人单位以两份非全日制用工合同形式规避全日制用工法律责任的

约定无效，仍应按照全日制用工来认定劳动者与用人单位的劳动关系。

(5) 在劳动者工作环境、内容、工资待遇均未发生变化的情况下，用人单位以其他单位名义与劳动者签订固定期限劳动合同，旨在规避其应与劳动者签订无固定期限劳动合同的法律责任的，应认定劳动者在用工期间与实际用工的用人单位存在劳动关系，并由该用人单位承担相应法律责任。

九、动产质押

动产质押无需办理质押手续，动产物权的设立和转让，自交付时发生效力。但船舶、航空器和机动车等物权的设立、变更、转让和消灭，未经登记，不得对抗善意第三人。

风险点：

(1) 当事人未就质押物的品牌、规格、型号等予以明确约定，可能导致质押合同不成立。如果动产质押未交付质押物，导致质权不能成立。同时，对质押物数量、质量约定不明，就会影响质押物的价值评估，最终影响债权实现。如实践中就曾出现过煤堆中间夹杂煤矸石、泥土，食品质押以次充好等情况，企业在风险管控中，有效控制和核实动产质物的数量也是至关重要的。

(2) 质押物价值的稳定性是防控信用风险的重要因素，一旦质押物价格大幅下跌，质押物的处置变现能力将会被严重削弱。同时，借款人的偿债意愿也会随之下降，从而给债权人带来信用风险。

(3) 为实现动产交付，质权人通常会委托第三方监管机构代为监管，并指定出质人将质物存入第三方监管机构仓库。质权人、出质人、监管机构三方签署监管协议，约定监管费用由出质人承担。但在融资发生风险，出质人无力支付监管费用时，监管机构有权对质物行使留置权，或要求解除监管协议。因此，建议在监管协议中明确，监管费用由出质人支付，监管机构不得以出质人未支付监管费用为由要求解除监管协议，监管费用在债权人处置质物实现债权时优先支付给监管人。

十、企业管理

1. 公司章程的制定

风险点：

实践中，部分投资者认为章程是用于应付工商注册登记，仅用工商局提供的范本，内容也仅简单套用《公司法》条文。当章程缺乏相对应的规定时，往往充满不确定性，容易导致诉讼，尤其是对中小企业投资者可能不利。

2. 企业规章制度

民营企业的规章制度是对各项管理工作和生产作业的要求所作的规定，是全体员工行动的规范和准则。建立和健全作业规章制度，是企业管理的一项极其重要的基础工作。

风险点：

实践中发现有民营企业的规章制度未经过民主程序或者公示告知员工，该规章对员工不具有约束力。以违反该规章制度为由，对员工进行处罚或者解除劳动关系是违法的，不利于企业内部管理。

3. 公章管理

风险点：

在公章使用过程中，盖章人员对公章管理不严、对骑缝章的加盖认识不足、方法不对。实践中出现合同签章页与正文形成时间不一致，签署的多页合同文书中被合同相对方换页，从而损害公司权益。

4. 子公司运营

风险点：

民营企业大多是从小到大，规模不断扩张，在民营企业家传统观念里，每个子公司的钱与人都是其个人的，容易造成旗下子公司之间有大量往来借款、人员身份混同等，可能会造成母公司子公司之间承担连带责任。

结　语

民营企业是国民经济的基本单位之一，是市场经济活动的重要参与者，民营经济良好发展是国家之福也是社会之幸，提前防范法律风险是当前每个民营企业的法律必修课，民营企业和企业家们应当增强法律风险防控意识。重庆法院也将继续致力于为民营经济发展提供高质量司法保障，共同促进重庆民营经济良好发展。

[典型案例]

天津法院服务保障民营企业发展典型案例

一、绪某某等侵犯商业秘密案

【基本案情】

绪某某、张某一、赵某某、袁某某、靖某某、张某二等六被告人原为某机械（天津）股份有限公司（以下简称某机械公司）员工，负责生产钢筋笼和弯曲中心。绪某某系生产钢筋笼和弯曲中心的车间主管，张某一系该车间项目负责人，赵某某系该车间小组主管，袁某某、靖某某、张某二系该车间操作工，六人掌握该公司钢筋笼及弯曲中心的技术工艺及设备供货渠道。2017 年 7 月，绪某某从某机械公司辞职。六被告人利用某机械公司的技术工艺及主要设备生产弯曲中心，在山东省济南市注册成立五环公司，生产弯曲中心及钢筋笼。至其被抓获时，其已生产弯曲中心 11 台，销售 10 台，非法经营数额达 131.1 万元。

经鉴定，“钢筋弯曲机”（即弯曲中心）是“不为公众所知悉”的技术信息。绪某某等人生产并销售 10 台弯曲中心及被扣押的 3 台弯曲中心与某机械公司生产的弯曲中心对比，通过将“对比产品”与“不为公众所知悉的技术信息”进行对比分析，二者属同一技术领域、结构实质相同、实现功能相同；“对比产品”与“不为公众所知悉的技术信息”实质相同，具有同一性。某机械公司为防止技术信息泄露，采取制定保密制度管理规定、在公司内张贴禁止拍照等警示标志、在员工手册中明确相关奖惩规定、与员工签订保密协议并支付竞业禁止保密费、与核心部件设备供应商签订专供协议等保密措施。根据专项审核报告，销售10台弯曲中心直接造成某机械公司经济损失1202858.16元。

【裁判结果】

法院生效裁判认为，六被告人违反权利人有关保守商业秘密的要求，使用通过在权利人处工作而掌握的商业秘密，给权利人造成重大损失，其行为已构成侵犯商业秘密罪，系共同犯罪，应予以惩处。依照《中华人民共和国刑法》第二百一十九条等相关法律规定以及各被告人的犯罪事实，判处六被告人二年至一年二个月不等的有期徒刑，并处500000元至100000元不等的罚金，作案工具依法予以没收，并责令六被告人共同退赔被害单位经济损失1202858.16元。

【典型意义】

本案系人民法院惩处侵犯民营企业商业秘密犯罪，保护民营企业知识产权的典型案例。审理过程中，法院严格按照法定程序不公开审理，在保证被告人诉权前提下，对案件涉及图纸、技术信息等内容严格保密，确保被害单位商业信息不遭受二次损害。法院判决对六被告人作出了罚当其罪的裁判结果。该案的审判对打击同类犯罪，保护民营企业商业秘密，引导民营企业增强风险防范意识，加强商业秘密保护力度，完善保护措施具有重要意义。

二、中国某银行股份有限公司天津分行与柯某某、陈某某、天津某科技发展有限公司等金融借款合同纠纷案

【基本案情】

原告中国某银行股份有限公司天津分行（以下简称某银行）诉称：2016年9月28日，原告与被告柯某某、陈某某、天津某科技发展有限公司（以下简称某科技公司）签订《借款合同》，合同约定原告向三被告发放贷款

2510000元，贷款期限36个月，自2016年9月27日至2019年9月27日，还款方式为按月付息不规则还本，每半年归还125500元，如三被告任意一笔借款本息发生逾期或发生其他丧失或可能丧失履行债务能力的情况，原告有权宣布合同项下借款提前到期。合同签订后，原告依约放款，但三被告未能依约还款。原告于2018年9月20日向三被告发出贷款到期告知函，由于三被告发生丧失或可能丧失履行债务能力的情况，根据借款合同的约定，原告宣布2510000元贷款于2018年9月17日到期。由于贷款已经逾期，经多次催要未果，故原告起诉，请求法院判令三被告共同偿还原告借款本金2133500元、利息44773.51元、罚息11500.17元（截至2018年10月10日）及自2018年10月11日至实际给付之日止的罚息和复利。

三被告辩称，对于借款事实及金额均没有异议。贷款未能依约偿还的原因为：某科技公司是一家经营蜂产品技术开发，蜂蜜、蜂王浆产品生产等业务的民营企业，公司因为其他原因导致租赁的场地无法经营，临时找到新的场地进行厂房建设，一时之间公司资金出现困难。对本案贷款三被告有信心并且肯定偿还，但确实短时间内无法筹措资金，诉讼之前也和原告进行过协商，但一直没有结果，希望与原告协商解决本案，给企业一定的缓冲时间，也希望在法院的主持下，与原告达成延期还款的协议。

【裁判结果】

案件审理过程中，法院主持调解，原告表示对于三被告的调解意愿没有异议，但涉案贷款无任何抵押、质押财产，原告对三被告能否延期还款存有顾虑。经法院多次与各方当事人沟通协商调解方案，最终达成调解意见为：对于被告陈某某在售的个人名下房产，由原告申请财产保全，但不对房产进行查封限制房产转让，转而查封被告陈某某在网签房产买卖协议上约定的收款账户，待售房款打入该账户时，三被告通知原告及本院，对于原告债权部分予以扣划。后法院采取保全措施，向天津市房地产交易资金监管中心送达限制房屋交易收款账号变更协助执行通知书，查封陈某某售房款收款账户。在此基础上，各方当事人就偿还银行债务问题达成调解协议，本案圆满解决。

【典型意义】

本案是人民法院灵活运用保全措施、蓄水养鱼，促进民营企业恢复生产经营能力的典型案例。在金融借款合同纠纷案件中，作为民营企业的贷款方违约往往是因为一时的生产经营困难，导致资金周转遇阻。对此，法院应在全面了解贷款银行的诉求及借款企业经营状况的基础上，综合判断借款企业偿债能力，在有可供清偿债务的财产特别是房产的情况下，可通过依法运用财产保全措施，促成案件双方当事人消除顾虑达成和解，为企业恢复生产经营能力创造条件。本案采取向天津市房地产交易资金监管中心送达限制房屋交易收款账号变更协助执行通知书，并查封被告售房款收款账户的方式，既保证了被告出售房屋可以顺利进行，又保证了原告在被告取得售房款后能及时收回全部债权。在案件审判效果上，一方面依法保障了借款银行的债权权益，另一方面也为企业恢复经营争取了宝贵的时间，维护了企业声誉。

三、天津市某电力设备工程有限公司与某财产保险股份有限公司天津分公司财产保险合同纠纷案

【基本案情】

原告天津市某电力设备工程有限公司（以下简称电力公司）承建天津高速公路集团发包的志成道延长线照明工程。2015 年 9 月 8 日，电力公司与被告某财产保险股份有限公司天津分公司（以下简称保险公司）签订《建筑工程一切险及第三者责任保险单》，并交纳保费 7369.45 元。被告于 2015 年 9 月 21 日向原告开具发票。保险单载明："……保险期限：建筑期自 2015 年 9 月 9 日起至 2016 年 1 月 31 日 24 时；保证期自 2016 年 2 月 1 日起至 2018 年 1 月 31 日 24 时止。……第八条：下列损失、费用、保险人也不负责任赔偿……（六）除非另有约定，在本保险合同保险期间终止以前，保险财产中已由工程所有人签发完工验收证书或验收合格或实际占有或使用或接收部分的损失。"

2017 年 11 月 10 日，原告施工完毕的位于志成道延长线一箱式变电站被盗，原告当日报警，公安北辰分局宜兴埠派出所出具受案回执。原告向被告申请理赔，被告拒绝赔付并出具《拒赔通知书》："经全面分析调查所掌握的信息，研究本次事故涉及理赔的所有资料，对照保险合同不承担赔偿责任。原因：案件被盗时间在 2017 年 11 月 10 日，而贵司在 2017 年 12 月 25 日向我司提供的公路工程交工验收证书表明交工验收时间为 2017 年 5 月 15 日，在出险

日期2017年11月10日之前，该事故发生时工程已验收合格。根据保单责任免除条款，此次事故不属于我司保险责任。”

天津高速公路集团有限公司志成道延长线工程项目经理部出具《公路工程交工验收证书》，载明原合同施工日期为2015年6月15日至2015年9月15日，实际工期为2015年9月1日至2017年5月15日，交工验收时间为2017年5月15日，施工单位、监理单位、设计单位依次签字盖章，项目经理部在项目法人处加盖项目部章，落款时间为2017年12月25日。该公司于2018年4月18日出具《情况说明》：“天津市某电力设备工程有限公司承接的志成道延长线照明工程的施工，尚未做竣工结算，尚未做竣工验收，由该施工单位依据合同负责管理、看护和维修，所发生的维护费用由该公司负担，直至移交给路灯管理单位天津市路灯管理处。关于公路工程交工证书中的交工验收时间为2017年5月15日为该施工单位提出申请的交工验收时间，还须由建设单位牵头，组成验收小组，参加单位有设计单位、监理单位、施工单位进行现场验收，建设单位2017年12月25日签署的公路工程交工验收合同日期。路灯管理单位验收合格日期为工程竣工日期。”

因保险公司拒绝赔付，电力公司向法院起诉请求：判令被告赔付原告保险理赔款92900元。

【裁判结果】

法院生效裁判认为，保险合同约定的保险期包含两部分，其中保证期至2018年1月31日24时止，故涉案财产被盗事故发生在合同约定的保险期内。关于被告提出的涉案工程已经交工验收，不属于保险范围的答辩理由，根据涉案工程发包方天津高速公路集团有限公司志成道延长线工程项目经理部出具的说明，足以证实涉案工程尚在原告控制下，并未交付转移，仍由其看护并承担损失风险，因此被告答辩意见不足以成立，法院不予采纳。综上，判决被告保险公司于本判决生效之日起五日内支付原告电力公司保险金84750元。

【典型意义】

本案是人民法院依法行使审判权维护民营企业财产权益的典型案例。对在建工程投保商业保险是民营企业维护自身财产安全的有力措施，依法审理保险合同纠纷，维护被保险企业的合法权益对鼓励企业合理分散经营风险，促进企业发展具有十分重要的积极作用。该案是一起典型的以在建工程为保险标的的保险合同纠纷案件，其争议焦点在于对保险合同中免责条款的理解。本案中法院以双方当事人签订的保险单为依据，从合同订立的目的出发，对其中的免责条款作出了公平合理的解释，即保险标的虽已提交验收，但在尚未交付而仍处于被保险人控制中时，保险人的承保风险并未不当增加，应认定不构成保险合同中约定的免责条件，判决保险人仍应承担保险责任。案件的审判维护了民营企业的合法保险权益，其裁判结果对鼓励民营企业通过多种途径降低经营风险，规范保险行业运行具有积极的示范指导意义。

四、霍某某、梁某与天津市某食品有限公司、第三人海航资产管理集团有限公司公司解散纠纷案

【基本案情】

被告天津市某食品有限公司（以下简称食品公司）于1998年10月8日设立。公司设立时，原告霍某某、梁某为公司股东，其中霍某某为法定代表人。

2011年3月11日，海航某控股有限公司与霍某某、梁某达成增资扩股协议，由海航某控股有限公司对被告食品公司进行增资。其后，海航某控股有限公司将增资权利转让给其母公司——第三人海航资产管理集团有限公司（以下简称海航公司），并于当日由原告霍某某、梁某与海航公司签订《天津市某食品有限公司增资扩股协议》。增资后，食品公司的股权结构为海航公司51%、霍某某39.2%、梁某9.8%。

2011年3月11日，食品公司召开增资后的首次股东会，通过股东会决议，选举田某某、霍某某、梁某、吉某、郭某为董事，其中田某某为董事长，霍某某为副董事长、总经理，选举张某一、高某某、张某二为监事，高某某任监事会主席。当日股东会通过了《天津市某食品有限公司章程》（以下简称公司章程），公司章程第十九条规定，股东会会议由股东按照出资比例行使表决权；公司增资、减资、合并、分立、解散、变更公司形式、修改章程、对外提供担保、知识产权转让等，必须经三分之二以上表决权的股东同意。第二十条规定，股东会每年召开一次年会，为定期会议。公司发生重大问题，经代表十分之一以上表决权的股东、三分之一以上董事或监事提议，可召开临时会议。第

二十一条规定，股东会议由董事会召集，董事长主持，董事长不能履行职务时，由董事长指定的副董事长或其他董事主持。第二十五条规定，董事长为公司法定代表人，由股东会任命。第二十七条规定，董事由股东根据出资比例提名候选人，第三人提名3名，二原告合计提名2名，由股东会选举产生。第二十九条第三款规定，到会的董事应当超过全体董事的三分之二，并且是在全体董事人数过半数的前提下，董事会的决议为有效决议。

2011年5月20日，食品公司召开董事会，分别选任海航公司指派代表李某、郭某为副总经理、财务总监。

2011年1月1日至6月15日期间，食品公司与天津某传媒有限公司（以下简称传媒公司）等公司先后订立8份广告合同，总价值为23132256元。海航公司认为原告霍某某、梁某在增资协议确定的过渡期（从2010年10月31日至2011年5月20日）内订立多份广告合同，严重侵害食品公司利益，向天津市第一中级人民法院提起增资纠纷诉讼追究霍某某、梁某违约赔偿责任。天津市第一中级人民法院审理后，于2013年10月9日作出（2012）一中民三初字第34号民事判决，判令霍某某、梁某违约并赔偿海航公司损失。霍某某、梁某及海航公司均不服，提起上诉，天津市高级人民法院作出（2013）津高民二终字第59号民事判决，认定霍某某、梁某违约并赔偿损失。霍某某、梁某对天津市高级人民法院的生效判决不服，向最高人民法院提起再审，最高法院指令天津市高级人民法院再审。

2011年6月20日，食品公司与海航某控股有限公司签订资金拆借协议，向海航某控股有限公司提供借款2000万元，约定借款期限到2011年7月20日。借款到期后，因海航某控股有限公司未偿还，2012年3月29日，霍某某、梁某以食品公司名义向海口市中级人民法院起诉追究海航某控股有限公司及董事田某某的侵权责任。2012年5月11日，田某某以法定代表人名义撤回起诉。其后，霍某某、梁某又向食品公司监事会请求追究海航某控股有限公司的侵权责任。食品公司监事会以自身名义提起诉讼，海口市中级人民法院驳回食品公司监事会诉请后，其上诉，海南省高级人民法院改判，支持监事会的全部诉请。判决生效后，食品公司申请执行。2014年9月19日，田某某召集、主持食品公司股东会议，在霍某某、梁某未参加的情况下，通过决议撤回上述执行申请。其后，田某某委托吉某撤回执行申请，海口市中级人民法院依法裁定准许。2014年12月29日，霍某某、梁某就上述股东会决议提起诉讼，要求法院撤销股东会决议，据此继续对海航某控股有限公司及田某某采取执行措施。

2011年8月，海航公司要求食品公司向中国银行宝坻支行贷款2000万元，由海航公司担保。因霍某某否决上述请求，贷款未果。2011年11月份，海航公司要求食品公司与北京某果蔬饮品股份有限公司签订虚假的山楂汁采购合同，以获取贷款2000万元，并要求食品公司虚开增值税发票，但被霍某某拒绝执行。

2012年3月9日，海航公司向霍某某、梁某发邮件通知，食品公司的副总经理李某、财务总监郭某不再担任食品公司的职务，而由海航公司任命的周某某、邱某某为食品公司的副总经理、财务总监，并要求食品公司召开送任会。但是，上述二人并未实际接管相应职位。其后，2012年5月，李某、郭某离开食品公司，海航公司此后无其他代表作为高级管理人员在食品公司负责经营管理事务。

2012年4月16日，因海航公司欲将食品公司的公章、营业执照等证照控制在委派代表郭某手中，由田某某召集董事会，在通知霍某某、梁某参加而霍某某、梁某未实际参加的情况下，通过董事会决议，要求食品公司监事张某一将公章、证照交给郭某管理。其后，田某某以食品公司名义向张某一下发通知，要求其执行董事会决议。张某一回函拒绝交出公章、证照，霍某某亦回复，对上述决议表达异议、不满。2012年6月12日，霍某某、梁某向本院提起董事会决议撤销之诉，请求撤销上述董事会决议，法院依法判令撤销决议。

2012年4月，海航公司向海口市公安局控告霍某某、梁某涉嫌合同诈骗、职务侵占以及破坏公司生产经营，请求立案侦查。海口市公安局对霍某某、梁某、天津市某传媒有限公司进行了调查，其后，因管辖问题，移交天津市公安局管辖，天津市公安局指令天津市公安局宝坻分局侦查。该案侦查后，并未立案。

2012年7月后，食品公司名下的多家银行账户均因没有法定代表人田某某的授权，无法正常年检，无法正常使用。其中，农业银行宝坻大钟支行的账户因田某某通知账户异常而停止使用。2012年7月9日，北京工商局朝阳分局以无照经营为由，查抄食品公司在北京的营业机构，并扣押相关办公设备。

2013年9月23日，海航公司向天津市宝坻区人民法院（以下简称宝坻法院）提起知情权诉讼，要求食品公司向海航公司提供公司会计报表、账册、公司机构会议决议等材料，以保全和行使股东权利。法院判决支持了海航公司的诉请。判决生效后，霍某某、梁某未配合协助执行，至2015年4月28日，本案开庭时，原告霍某某亦拒绝协助提供公司相关材料。

庭审中，海航公司及食品公司均要求在知情权诉讼执行完毕后，再考虑解散事宜。对于食品公司现在经营现状，原告霍某某、梁某亦明确承认公司对外经营的货款、结算及职工工资发放等均未通过食品公司账户，而是通过其他方式，包括用个人账户交纳税款、发放工资等；在2014年11月份，霍某某、梁某另行注册成立食品公司的分支机构来生产、经营。

本案在一审、二审、再审期间，在法庭主持下曾多次进行调解，并提出调解方案，但因双方意见分歧极大，无法达成调解协议。

另查明，传媒公司在2006年2月23日申请公司变更登记，股东变更为原告梁某及张某，其中原告梁某为法定代表人。

本案中，二原告认为食品公司的经营管理已经发生严重困难，无法继续存续，故二原告作为股东，请求法院依法判决食品公司解散。

【裁判结果】

一审法院经审理认为：《中华人民共和国公司法》第一百八十二条规定："公司经营管理发生严重困难，继续存续会使股东利益受到重大损失，通过其他途径不能解决的，持有公司全部股东表决权百分之十以上的股东，可以请求人民法院解散公司。"本案中，二原告与海航公司因大额广告代理合同的签订、第三人融资计划被原告霍某某否决以及2000万元资本被拆借未还事实的出现而矛盾频发并不断升级，演化为对被告食品公司管理权、财务权的争夺。双方既有矛盾的解决，从公司内部自治到外部民事诉讼救济，再到刑事控告，自公司增资后，一直处于诉讼和被诉状态，并且还在不断延续，上述情形的出现已明显说明二者之间通过合作来实现公司盈利的内心确信已遭受严重破坏，出现危机。被告食品公司的人合性逐步丧失，已严重危及公司的正常经营管理。现董事会不能正常召开，无法形成董事会有效决议，已经出现严重的治理困难，符合司法解释界定的董事会僵局情形。针对被告食品公司已经出现严重的经营管理困难，法院主持调解亦未果。自2014年6月5日立案受理以来，较长时间的前置调解、和解程序，已无法化解双方纠纷，现已无调解可能和必要，如调解久拖不决，解散程序的价值无法实现，被告公司利益会进一步受损。因此，法院认定被告食品公司已具备解散要件，应司法强制解散。依据

《中华人民共和国公司法》第一百八十二条，《最高人民法院关于适用〈中华人民共和国公司法〉若干问题的规定》第一条，《最高人民法院关于适用〈中华人民共和国民事诉讼法〉的解释》第九十二条第一款、第一百零八条第一款之规定，判决：食品公司于判决生效后立即解散。

宣判后，食品公司和海航公司不服判决，均提起上诉。天津市第一中级人民法院二审认为双方上诉人提交的上诉意见表明，目前食品公司尚存在采取一方股东退出或转让股权的方式解决纠纷的可能，从而避免因解散该公司对社会及公司员工造成不良影响。因此，本案一审判决认定的基本事实不清，遂裁定撤销一审判决，将本案发回宝坻法院重审。

一审法院另行组成合议庭，公开开庭进行了审理，并再次为双方做调解工作，但双方矛盾依然尖锐，未能达成调解协议。2018 年 3 月 1 日，一审法院再次依法判决食品公司解散。

食品公司和海航公司遂再次上诉至天津市第一中级人民法院，经法院多次主持调解，2019 年初，各方当事人达成调解协议：海航公司退出食品公司，霍某某受让股权，其他关联纠纷全部息诉，不再追究对方法律责任。至此，该案及关联案件全部一揽子调解解决。

【典型意义】

该案是人民法院能动司法，破解公司治理僵局，助力民营企业恢复生产经营活力、持续健康发展的典型案例。本案中，天津市某食品公司是天津市的品牌企业，其创立的产品商标更是全国驰名商标，在饮料行业具有重大影响。自 2011 年，海航公司增资食品公司后，食品公司与海航公司矛盾突出，在最高人民法院、海南法院、天津法院等四级法院形成案件几十起，生效裁判文书近百件，食品公司生产陷入停滞。公司股东霍某某、梁某起诉请求解散公司。解散公司对于打破公司僵局、市场资源优化配置及保护股东利益，提供了有效的救济方式，但是这种司法强制解散的方式，将直接导致公司的法人人格消灭，以公司为中心的内、外部法律关系均将终止，将对社会造成的消极影响极大。因此公司解散应为破解公司僵局的最后手段，应审慎适用。为挽救濒于解散的民营企业，避免公司解散可能带来的不利影响，一、二审法院多次主持调解，与当事各方共同商讨解决纠纷的最佳方案，最终促成各方达成调解协议并一揽子解决了当事人在天津市和海南省的全部案件。这不仅减轻了当事人的诉累，维护了股东双方的合法权益、挽救了濒临灭亡的企业，更保障了与食品公司有供应关系的数百名果农的生计问题，为维护社会经济稳定和天津市投资环境发挥了积极作用。

五、天津市天磁净水机械有限公司与天津市天磁万国物资有限公司侵犯商标权及不正当竞争纠纷案

【基本案情】

2015 年 10 月 22 日，原告天津市天磁净水机械有限公司（以下简称天磁净水公司）申请注册涉案商标。2017 年 2 月 14 日，天磁净水公司经国家工商行政管理总局商标局核准取得第 18134681 号涉案商标注册证，有效期至 2027 年 2 月 13 日，核准使用商品/服务类别为第 11 类：非医用紫外线灯、电热水瓶、管道（卫生设备部件）、水冲洗设备、海水淡化装置、水净化设备和机器、污水处理设备。

被告天津市天磁万国物资有限公司（以下简称天磁万国公司）于 1996 年 2 月成立，发起人为案外人天津市天磁有限公司和天津市天磁销售有限公司。原告天磁净水公司于 2000 年 5 月注册成立。2000 年 3 月，案外人天津市天磁有限公司向工商局出具证明“天津市天磁有限公司同意天磁净水机械有限公司使用‘天磁’字样，作为该公司企业名称”。原告天磁净水公司认可其法定代表人王某根曾在被告天磁万国公司处工作。

根据公证书记载，被告天磁万国公司主办的网站为 www. tianjin – tianci. com、www. tianjin – tianci. cn，其网站显示：“天津市天磁万国物资有限公司是专业研发及生产经营水处理设备的企业，是以经营天磁牌纯净水、矿泉水、净水工程及设备为产品的企业。”同时，页面宣传有大量标有“天磁牌”的商品。2018 年 1 月 10 日，原告天磁净水公司代理人在天津市和平区气象台路 30 号公证购买了“天磁牌 TC – RO – 400G 反渗透水质处理器”一台。原告天磁净水公司认为被告天磁万国公司使用“天磁”标识的行为，侵害了其注册商标专用权并构成不正当竞争，诉至法院。

【裁判结果】

一审法院审理认为，被告天磁万国公司在原告天磁净水公司申请注册涉案商标之前，已经在商业活动中持续使用了“天磁”“TIANCI”被诉侵权标识，而原告天磁净水公司明知被告天磁万国公司已经使用了“天磁”“TIANCI”等标识，原告天磁净水公司作为商标专用权人，取得和行使涉案注册商标专用权的行为的正当性存疑。被告天磁万国公司并无攀附原告注册商标商誉的必要，被诉侵权行为系被告天磁万国公司在先使用行为的正常延续。被告天磁万国公司关于恶意抢注的抗辩理由成立。被诉侵权网站创建时间远早于原告申请注册商标时间，其域名主要部分是“天津天磁”的拼音，结合被告天磁万国公司对被诉侵权标识“天磁”“TIANCI”在创建网站之前就长时间、持续使用的事实，可以认定其具有注册、使用该域名的正当理由。同时，也没有任何证据显示被告天磁万国公司对该域名的注册、使用具有恶意。因此原告天磁净水公司关于被告天磁万国公司实施了不正当竞争行为的主张不能成立。一审法院判决：驳回原告天磁净水公司全部诉讼请求。

天磁净水公司不服一审判决提起上诉，二审审理期间，经法院调解，双方达成调解协议：天磁净水公司许可天磁万国公司长期、无偿使用涉案注册商标，并且双方撤回与“天磁”标识有关的全部商标异议和无效申请，共同使用“天磁”标识。

【典型意义】

本案是人民法院通过调解妥善化解民营企业矛盾纠纷，维护知名品牌商誉的典型案件。本案诉争的商标标识系曾经在天津市净水机械行业具有一定影响力的“天磁”标识。原、被告双方围绕“天磁”有关的商业标识形成诸多纠纷，其中包括多项商标异议申请、注册商标无效申请，以及多起商标民事、行政纠纷诉讼。鉴于双方当事人曾经长期共同使用“天磁”标识，具有特定历史渊源，为从根本上化解矛盾，法官没有就案办案，而是耐心细致地释法说理，促使双方达成和解。本案的调解解决，既维护了商标权人的合法权利，又从根本上解决了当事人间的矛盾，充分体现了法院通过知识产权审判化纠纷为合作，促进合作共赢、共谋发展，为民营企业营造良好营商环境提供知识产权司法保障的积极努力。案件调解后，双方当事人均送来锦旗表示感谢，该案的处理取得了良好的社会效果和法律效果。

六、天津某汽车销售有限公司与北京某物流有限公司买卖合同纠纷案

【基本案情】

天津某汽车销售有限公司（以下简称汽车销售公司）与北京某物流有限公司（以下简称物流公司）签订车辆买卖合同，约定：物流公司从汽车销售公司购买重型货车100辆，在货款全部付清前，汽车销售公司保留车辆所有权。物流公司支付定金后，汽车销售公司为物流公司办理了72部车辆的产权登记手续，并将10部车辆交付。后由于物流公司发生重大变故，无法继续履行合同，且可能转移财产，2018年10月7日，汽车销售公司向天津市蓟州区人民法院（以下简称蓟州法院）申请诉前财产保全，请求对物流公司名下72辆货车予以查封，对已交付车辆予以扣押。该诉前保全申请由保险公司保全责任保险提供担保。

【审理情况】

蓟州法院通过民营企业案件绿色通道于2018年10月7日当天依法作出保全裁定。假期后第一个工作日，蓟州法院干警凌晨5点出发赶往北京市车辆管理所，对72辆货车进行查封。在查封过程中发现，有5部车辆由于当时正在办理向第三方过户的手续，不能进行查封。执行干警立即赶往正在办理过户手续的顺义区车辆管理所制止过户行为，72部车辆全部查封成功。

另查，需要扣押的10部车辆停放于北京市平谷区某公司场区内，被塔吊架和一辆重型货车围堵在场地中间。考虑到物流公司随时有可能转移财产，为第一时间保全车辆，确保扣押工作顺利进行，蓟州法院依托京津冀执行联动协作机制，与北京市平谷区人民法院（以下简称平谷法院）取得联系，共同商定扣押计划，由平谷法院执行局提供协助，执行保全裁定。在平谷法院干警的协助下，两地法院执行干警共同做好场地所属公司负责人的思想工作，并联系围堵场地的重型货车车主到达现场，在向其释明法院要采取保全措施的目的以及妨碍法院执行的后果后，车主及随同前来的20余人迫于压力移开围堵的车

辆，10 辆扣押货车安全驶出场区。当晚七点，扣押车辆全部停放到了法院指定的保管场地，并张贴封条。本案的诉前保全工作在一天内全部完成。最终由于保全措施及时，本案得以调解结案，并按时履行完毕，确保了民营企业胜诉权的实现。

【典型意义】

该案是人民法院加大财产保全力度，努力实现民营企业胜诉权利的典型案例。本案中，申请人汽车销售公司成立于 2004 年，是一家从事汽车销售、汽车维修、货运的民营企业，与物流公司该笔买卖合同标的额达 3000 万元，且物流公司有可能转移财产，因此诉前保全工作稍有差池将严重阻碍汽车销售公司胜诉权利的实现，影响企业生存发展。针对案件情况，蓟州法院开通涉民营企业案件绿色通道，按照“积极作为，支持保护”的原则，充分发挥司法职能，借助京津冀执行联动协作平台，在平谷法院的协助下，在最短时间内克服重重困难，完成全部保全工作，有效避免了汽车销售公司损失扩大，有力保护了民营企业健康发展。

七、天津市某实业公司与天津市某糕点店房屋租赁合同纠纷案

【基本案情】

2009 年 6 月，天津市某实业公司（以下简称实业公司）与天津市某糕点店（以下简称糕点店）签订房屋租赁合同，由糕点店使用实业公司所有的门脸房经营糕点生意，约定租金为每月 4000 元，租期自 2009 年 6 月 22 日至 2010 年 6 月 21 日止。该合同到期后，双方未签订续租合同，糕点店继续使用该门脸房，并按月向实业公司缴纳租金。2017 年，实业公司内部进行调整，遂通知糕点店门脸房不再出租。双方因就房屋租赁事宜协商不成，遂向法院起诉。经审理，天津市红桥区人民法院（以下简称红桥法院）作出（2017）津 0106 民初 4550 号民事判决：双方房屋租赁合同终止，由糕点店将门脸房腾空交还给实业公司。判决生效后，糕点店未能主动履行义务，一直占用门脸房，实业公司向法院申请强制执行。

【执行情况】

法院立案后，相继约谈了申请执行人与被执行人。通过详细沟通，发现双方矛盾并不激烈，糕点店之所以不愿意腾房，是由于暂时未找到新的经营地点，而且恰逢春节期间，正是糕点生意火爆的时候。考虑到糕点店属于个体工商户，为了保障其在销售旺季正常经营，执行法官采取了柔性执行的方法，做通双方当事人思想工作，促成双方达成协议，即实业公司允许糕点店继续经营，直至春节过后，同时，要求糕点店春节过后立即腾房。农历正月过后，糕点店主动联系执行法官，表示已经找到新的店面，并已经将房屋内的物品搬空，请执行法官到现场勘查，办理交接手续。交接当日，红桥法院执行局领导在执行指挥中心进行连线指挥，执行法官到现场进行房屋勘查，仔细检查了门脸房房屋内物品搬离情况，并与糕点店顺利办理了交接手续。

【典型意义】

本案是人民法院因案施策，善意执行，最大限度降低执行行为对民营企业正常生产经营活动影响的典型案例。本案中，被执行人天津市某糕点店自2009年在红桥区桥北经营至2017年，在该区已经有了一定的知名度，且糕点行业经营有明显的淡旺季之分，如果不考虑行业特点，机械执行生效判决，强制糕点店在春节前搬离原址，势必会对其收益产生较大影响，造成企业经济损失。为此，执行法官提出了延迟腾房的执行方案，并积极做通当事人思想工作，促成双方达成协议。被执行人面对如此人性化的解决方案，十分配合，在正常经营期间积极寻找能够继续经营的地址。春节过后，糕点店经营者主动搬离房屋，并及时联系执行法官进行房屋交接，使本案最终得以圆满解决。该案充分展现了法院创新方式方法，找准影响民营企业健康发展的症结所在，从避免影响营业、扩大损失的角度积极寻找解决方案，切实保护双方合法权益的执行理念，其所运用的善意执行方式不仅提高了市场主体的守约意识及合同履约率，也对促进整个社会诚信体系的建设具有积极意义。

八、天津某工程机械租赁有限公司与于某某、果某租赁合同纠纷案

【基本案情】

申请执行人天津某工程机械租赁有限公司（以下简称租赁公司）与被执行人于某某、果某租赁合同纠纷一案，经法院主持调解，当事人自愿达成调解协议，天津市蓟州区人民法院作出（2018）津0119民初6669号民事调解书：于某某、果某偿还租赁公司租赁费，并于2018年7月10日前返还租赁公司600千瓦发电机组一台。因于某某、果某未按照法律文书指定的期间履行义务，租赁公司申请强制执行。案件进入执行程序后，被执行人给付租赁费，同意偿还发电机组，但因被执行人与当地村民存在多项债务纠纷，当地村民要求扣押发电机组。

【执行情况】

执行法院了解到，于某某、果某所租赁的发电机组位于河北省兴隆县跑马场内，用于经营生产。工厂运营期间于某某、果某所经营的工厂与当地村民存在劳务费等债务纠纷，村民表示如若不偿还债务，就不同意将发电机组运回。为此村民曾到兴隆县法院对于某某、果某提起诉讼，并申请财产保全，但因该发电机组系被执行人租赁使用，所有权归属于租赁公司，在财产保全时，该发电机组未纳入保全范围。因此，村民要求扣押发电机组的要求并不合理。为将发电机组顺利运回天津，避免与当地村民的冲突，执行法院积极利用京津冀合作平台，与兴隆县法院沟通协调，提前对被执行人在跑马场的经营场所进行勘查，并确定发电机组的准确位置，制订详细执行方案。执行当天，兴隆县法院执行局派出执行干警协助执行法院共同前往现场协助，在发电机组运出时，当地村民到现场进行阻拦。执行法院与兴隆县法院执行干警共同对村民进行劝说，耐心解释该发电机组不属于于某某、果某财产保全范围，逐渐稳定了村民情绪，有效维护了现场秩序。经过两地法院的通力协作，最终将600千瓦发电机组顺利运送回天津市蓟州区。

【典型意义】

本案是津冀两地法院协同联动，跨域执行，有力维护民营企业合法财产权益的典型案例。本案执行标的物位于河北省兴隆县，执行中主要有两大难点：一是存在村民的阻拦；二是时间紧迫，执行时间已经进入 12 月份，天气气温逐渐降低，发电机组内水箱如果因低温结冰将面临报废的危险，对公司造成巨大损失。为保障执行工作的迅速、顺利开展，两地执行法院共同制订了详细的应对方案。发电机组运回天津后，经检查水箱尚未结冰，能够正常使用。执行工作成功为天津某工程机械租赁有限公司挽回了损失。本案的顺利执结，充分展现了京津冀执行联动机制在降低跨区域执行难度、便利查人找物、促进与当地居民沟通等方面的高效促进作用。两地法院的联动配合，不仅有力维护了民营企业的合法权益，也为其他法院开展跨域执行工作提供了可资借鉴的经验。

[司法实务问题研究]

信用证欺诈纠纷相关法律问题分析

冯　宁*

【内容摘要】 信用证欺诈是国际贸易结算中常见的问题。由于信用证纠纷案件基数较小，司法经验积累相对较少，审判实践中对信用证欺诈的认识尚不统一，研究亦不充分。在当前“一带一路”建设的大背景下，对信用证欺诈的探讨具有新的意义。本文在对信用证欺诈纠纷相关案件统计分析的基础上，对信用证欺诈纠纷的基础法律问题以及信用证欺诈的证明标准、认定标准、第三人欺诈等进行具体分析，并提出解决进路。

【关键词】 信用证　信用证欺诈　欺诈例外

信用证作为国际贸易中一项重要的支付结算手段和担保方式，被誉为国际贸易的生命之血。据国际商会统计，2015 年我国成为世界上出口使用 SWIFT① 信用证最多的国家，同时也是进口使用 SWIFT 信用证前三位的国家。随着全球经济复苏乏力，风险因素不断聚集，国际贸易违约增加。由于信用证交易的国际化和专业化以及信用证运作规则的独特性，信用证纠纷尤其涉信用证欺诈的案件相应也成为专业知识需求量较高的一类案件。目前司法实践中对信用证及信用证欺诈相关法律问题的理解与掌握尚不统一，以致理论界夸张地称

* 北京市东城区人民法院民三庭副庭长。

① 环球同业银行金融电讯协会建立的全球金融电讯网络系统即 SWIFT 系统，使用 SWIFT 开立及通知的信用证为国际贸易中通用的信用证。

“司法判决是信用证的天敌”①。当前，在“一带一路”建设大背景下，对信用证欺诈的探讨具有新的意义。

一、信用证欺诈纠纷基础法律问题

国际商会《跟单信用证统一惯例》（2007年修订本，国际商会第600号出版物，以下简称UCP600）规定，信用证是指一项不可撤销的安排，无论其名称或描述如何，该项安排构成开证行对相符交单予以承付的承诺。信用证的独特性及优越性就在于信用证交易中坚持的独立性原则与严格相符原则（以下简称信用证“二原则”）。此“二原则”的核心就是银行以单据一致作为付款的唯一条件，其只审查单据，② 无须审查基础合同，也不关注货物本身，只要单证相符，即可付款。此“二原则”保障了国际贸易支付的高效与便捷，也成就了信用证在国际贸易中举足轻重的地位。凡事物皆有两面性。信用证以单据交易代表货物交易的特征，也为信用证欺诈开了方便之门。

（一）信用证欺诈与信用证欺诈纠纷

信用证欺诈，即利用信用证交易机制中单证相符即予以支付的规定，提供表面记载与信用证要求相符，但实际上不能代表真实货物的单据，骗取货款支付的商业欺诈行为。③ 关于信用证欺诈，实务中有买方欺诈、卖方（受益人）欺诈与买方卖方串通欺诈等几类。买方欺诈主要表现为基础合同买方通过伪造信用证或利用信用证“软条款”骗取卖方（受益人）货物或款项；买方卖方串通欺诈，主要为双方虚构基础交易，买方开立信用证后由卖方交单索付骗取银行款项；卖方（受益人）欺诈主要包括伪造变造单据、不交付货物或交付货物偷梁换柱，即虚假单据欺诈与基础交易欺诈，司法实践中常见的多为此类，本文则以卖方（受益人）欺诈为主要分析对象进行阐述。其中，虚假单据欺诈，包括伪造单据与变造单据；基础交易欺诈，有的学者也将其称为“欺骗性陈述单据”④，是指基础合同履行中的交货不符欺诈，比如完全不交付单证项下的货物或交付的货物不具有实际价值。值得指出的是，信用证欺诈与

---

① 高祥：《信用证法律专题研究》，中国政法大学出版社2015年版，第60页。

② UCP600第34条规定，银行对任何单据的形式、充分性、准确性、内容真实性、虚假性或法律效力……概不负责；银行对任何单据所代表的货物、服务或其他履约行为的描述……也概不负责。

③ 郭瑜：《国际货物买卖法》，人民法院出版社1999年版，第283页。

④ 徐冬根：《信用证法律与实务研究》，北京大学出版社2005年版，第342页。

一般民事欺诈相比，范围较窄，必须要利用信用证独立性原则即交单相符即可付款的运作机制进行欺诈。买方使用伪造信用证进行欺诈的，其本质上未利用信用证交单付款的机制，不属于严格意义上的信用证欺诈。

信用证欺诈纠纷是指关于信用证交易中是否存在欺诈以及在欺诈的情况下当事人之间的法律关系如何处理的纠纷。① 因信用证交易涉及多重法律关系与多方商事主体，信用证欺诈纠纷中，除了作为被告的欺诈方，还可以将与案件有关的开证行、议付行或者其他信用证法律关系的利害关系人列为第三人。信用证欺诈纠纷的提起具有时间特征，一般应在开证行或其授权银行承兑、付款之前提起。在承兑、付款之后，即使存在欺诈，当事人也无法再行通过提起信用证欺诈纠纷诉讼予以救济（除非有充分证据证明银行的承兑、付款存在恶意），只能采取普通救济方式，提起基础合同纠纷诉讼或者采取刑事救济手段。

（二）信用证欺诈的救济

按照UCP600的规定，银行具有独立的审单权和不受开证申请人干涉的付款或拒付的决定权。一旦发现欺诈，停止付款的急迫性尤为突出，而提起信用证欺诈纠纷诉讼是目前对抗信用证欺诈最为有效的手段。②《最高人民法院关于审理信用证纠纷案件若干问题的规定》（以下简称《信用证规定》）第十条、第十条与第十五条规定，开证申请人发现存在单据伪造、不交付货物等欺诈情形，且将会给其合法权利造成难以弥补的损害时，在提供充分担保的情况下，可以向有管辖权的法院申请中止支付信用证项下的款项。法院经审查认为存在信用证欺诈情形的，“裁定中止支付”。在后续实体审理中，如认定构成信用证欺诈的，“判决终止支付”。对于上述规定中法院“裁定中止支付”的做法，目前理论界与实务界均存在一定误解，有的学者认为该规定具有财产保全的属性，实践中法院还是依靠冻结账户来实现。③ 笔者在中国裁判文书网上进行了检索，也发现有一定数量申请中止支付信用证项下款项的案件文书是以财产保

① 最高人民法院民事案件案由规定课题小组编著：《民事案件案由规定理解与适用》，人民法院出版社2011年版，第494页。

② 实践中，开证申请人发现欺诈还可以申请开证行拒付，但由于拒付是开证行的权利而非义务，银行一般不愿承担拒付的风险，所以向法院提起诉讼是目前最为便捷且有效的对抗信用证欺诈的手段。

③ 余博汝：《论信用证法上的“实质性欺诈”标准》，载高祥主编：《信用证法律专题研究》，中国政法大学出版社2015年版，第261页。

全裁定的形式作出的。[①] 实际上，“裁定中止支付”信用证项下款项的做法，是参照《民事诉讼法》关于财产保全的规定设置的，同时根据信用证纠纷案件的特殊情况，在裁定的当事人、复议法院、复议方式等方面作了变通，[②] 其与财产保全有着较大区别，属于信用证特有的司法救济手段。“裁定中止支付”属于对银行支付行为的禁止，属于行为保全，类似于美国法院的“初步禁令”，而“判决终止支付”属于实体审理结果，生效后具有终局意义，对此应有明确的认识。

（三）信用证欺诈纠纷的法律适用

国际商会《跟单信用证统一惯例》的历次修订均未对信用证欺诈问题进行规定，“国际商会统一惯例是最好的银行实务操作规范，而不是法律规定”，欺诈问题应适用法律通过法庭解决，[③] 即留给各国国内法加以解决。我国目前没有专门的信用证立法，相关规定主要是最高人民法院的司法解释和指导意见。1988 年《最高人民法院全国沿海地区涉外、涉港澳经济审判工作座谈会纪要》首次提及有证据证明欺诈可以冻结信用证项下的款项。1995 年《全国海事审判工作（宁波）研讨会纪要》对信用证的法律性质予以明确，指出采取保全措施应持谨慎态度，严格控制冻结信用证项下的货款。《信用证规定》是目前关于信用证欺诈与救济的专门司法解释，在信用证欺诈纠纷审判实践中地位举足轻重。另外，值得指出的是，2016 年 10 月 8 日起施行的《中国人民银行、中国银监会国内信用证结算办法》及 2016 年 12 月 1 日起施行的《最高人民法院关于审理独立保函纠纷案件若干问题的规定》均对欺诈与救济的问题有新的表述，在审判实践中应当予以关注和参考。

信用证纠纷多为涉外案件，涉及准据法的确定问题，在支持当事人约定法律适用的基础上，要严格依照《涉外民事关系法律适用法》及《信用证规定》中的冲突规范来确定案件审理的准据法。其中，对于信用证欺诈的认定处理，由于 UCP600 等国际惯例没有规定，要依当事人明示选择适用的某国国内法律进行认定。在当事人选择缺失的情况下，可依据密切联系原则加以确定。在双方当事人均援引我国法律进行起诉与答辩的情况下，可视为选择适用我国法

---

① 参见北京市第一中级人民法院（2008）一中民保字第 15770 号民事裁定书。

② 参见《〈最高人民法院关于审理信用证纠纷案件若干问题的规定〉的说明》。

③ Goode, Roy: *Abstract Payment Undertakings and the Rules of the International Chamber of Commerce*, 39 Saint Louis University Law Journal, p727.

律。另外，由于目前国际公约、国际惯例对信用证欺诈的规范缺失，加之信用证欺诈认定主观性较强，各国法院认定处理信用证欺诈的标准不尽统一。在处理涉外信用证欺诈纠纷时，要注意了解相关国家信用证欺诈的规定及司法判例，在个案的处理中可以灵活运用国际普遍公认的互惠原则。

在适用我国法律审理信用证欺诈纠纷时，除了适用《信用证规定》，还要对审判实践中援引《民法通则》、合同法中有关诚实信用、欺诈等规定的通常做法予以重视和坚持。另外，对信用证单据的认定，涉及国际惯例的适用问题，当事人约定适用相关国际惯例或者其他规定的，一般从其约定；当事人没有约定的，应适用UCP600或者其他相关国际惯例，例如《关于审核信用证项下单据的国际标准银行实务》（ISBP）、《跟单信用证项下银行间偿付统一规则》（URR725）及《跟单信用证统一惯例关于电子交单的附则》（eUCP）等。

（四）信用证欺诈纠纷的管辖

信用证欺诈纠纷应按照《民事诉讼法》第二章及第二十四章的规定确定管辖。在当事人没有约定管辖的情况下，由被告住所地或者合同履行地法院管辖，对在我国领域内没有住所的被告提起诉讼的，可以由合同签订地、合同履行地、诉讼标的物所在地、可供扣押财产所在地、侵权行为地或者代表机构住所地人民法院管辖。同时，涉外信用证欺诈纠纷在确定具体的管辖法院时，还要根据《最高人民法院关于涉外民商事案件诉讼管辖若干问题的规定》与《最高人民法院关于加强涉外商事案件诉讼管辖工作的通知》及经最高人民法院授权的广东省和各直辖市高级人民法院的具体指定管辖文件来确定。

另外，人民法院审理信用证欺诈案件，必要时可以将信用证纠纷与基础交易纠纷一并审理。这里的基础交易纠纷，是指将争议信用证作为支付手段的国际买卖合同纠纷或国际服务合同纠纷。因此，还可以根据基础交易纠纷的管辖来确定信用证欺诈纠纷的管辖。① 对于基础交易中约定仲裁的，能否排除法院对信用证欺诈纠纷的管辖？笔者认为，信用证一旦开出即独立于基础合同，信用证欺诈是由信用证关系衍生出来的，基础合同中的仲裁协议无法拘束信用证欺诈案件管辖。

二、信用证欺诈的司法认定

信用证欺诈的认定主要涉及证明标准、认定标准与第三人欺诈等问题，其

① 参见最高人民法院（2000）经终字第155号民事裁定书。

中对于上述问题的判断亦离不开对单证相符情况、基础交易履行情况的审查。

（一）信用证欺诈的证明标准

按照“谁主张，谁举证”的原则，信用证申请人提起信用证欺诈诉讼并要求不予支付信用证项下款项的，该申请人应当举证证明受益人存在信用证欺诈情形。目前，司法实践中对“举证证明存在欺诈”证明标准的认识尚不统一，有的认为应以《信用证规定》第八条为根据，申请人能拿出证据证明受益人存在该条规定的欺诈情形即可。有的认为依据《最高人民法院关于适用〈中华人民共和国民事诉讼法〉的解释》第一百零九条的规定，当事人对欺诈、胁迫等事实的证明，应达到排除合理怀疑的证明标准。笔者认为，上述观点均有一定的合理性，但都忽视了一个重要事实，即信用证欺诈诉讼是一个过程，要区分不同审判阶段的证明标准。审判实践中，中止支付的申请一般在诉前提出，法院在这一阶段要求当事人举证证明欺诈存在的证明标准可以是初步的或表面的，因为诉前中止支付裁定的作出需要当事人提供可靠且充分的担保，此种情况下，对欺诈采用初步证明标准并不会影响另一方当事人的利益。而在信用证欺诈诉讼实体审理阶段，对于信用证欺诈的证明标准应当是严格的，当事人必须要有充分的证据证明存在《信用证规定》第八条中的欺诈情形，并且该证明需要使法官确信欺诈事实存在的可能性能够排除合理怀疑，只有达到此种证明标准，才可以最终判决终止支付信用证项下的款项。这种严格的证明标准是符合信用证国际司法惯例的，[①] 毕竟信用证是支付的工具而不应是拒付的工具。

此外，信用证欺诈诉讼中，如果开证行以欺诈为由拒付，也需提供明确的证据，且达到上述证明标准，不应降低银行的证明标准，不宜对开证行和申请人采用双重的证明标准。

（二）信用证欺诈的认定标准

信用证欺诈的认定是一个主客观方面综合判断的过程，各国司法界均有不同的把握标准。目前，较为著名的是美国《统一商法典》（UCC）规定的“实质性欺诈”（material fraud）标准。“实质性欺诈”的概念也比较抽象，美国也

---

① 美国法院处理信用证欺诈案件的一般原则是不签发禁令（no injunction），美国《统一商法典》正式评论中也确定了申请签发禁令的高标准，申请人必须有充分的证据而非仅仅控诉。

是通过大量的判例总结出来的，[①] 最高人民法院（2000）经终字第155号民事裁定书首次舶来并引用该概念。在我国信用证司法实践中，认定信用证欺诈，主要依照最高人民法院《信用证规定》第八条，即存在下列情形之一的，应当认定存在信用证欺诈：1. 受益人伪造单据或者提交记载内容虚假的单据；2. 受益人恶意不交付货物或者交付的货物无价值；3. 受益人和开证申请人或者其他第三方串通提交假单据，而没有真实的基础交易；4. 其他进行信用证欺诈的情形。该条规定采用列举加兜底的方式明确了信用证欺诈的情形，既包括信用证交易中的单据欺诈，也包括基础交易中的欺诈。但该规定对“欺诈”的界定总体上还是比较粗线条的，至于出现什么程度的行为会被认定为欺诈，什么样的欺诈能导致法院决定中止或终止支付信用证项下的款项，在很大程度上还是依赖法官的自由裁量。

笔者梳理了2005年以来全国各地法院近40篇信用证案件相关裁判文书，初步总结出我国司法实践中认定信用证欺诈所考量的几个因素：一是受益人有欺诈的故意；二是有证据证明存在现实的欺诈行为；三是欺诈对基础合同目的实现的影响程度。[②] 在笔者搜索出的裁判文书中，有多篇文书均明确援引了上述美国“实质性欺诈”的概念作为说理的理由，该概念在我国司法实践中的运用与发展充分体现了信用证司法认识的国际化。但必须明确的是，美国“实质性欺诈”标准基本上类似于笔者总结的上述考量因素之后两点，不涉及受益人的主观故意方面的考量。实践中援引该概念，不宜简单照搬，而应综合考察受益人的主观故意。[③] 简言之，对信用证欺诈的认定，应重点关注两个方面：一是受益人存在欺诈的主观故意，二是受益人存在客观实质性欺诈行为。二者之间，对受益人的主观方面尤其要给予特别重视，“认定是否构成信用证

---

① UCC第4条的官方评论中列举了一些体现“实质性欺诈”的判决，同时，还举了一个例子帮助理解“实质性欺诈”：假设受益人签订了一个交付1000桶色拉油的合同，受益人明知只交付了998桶，提交的单据却显示是1000桶。如果1000桶差2桶是非实质性的违约，受益人的行为即使构成欺诈，也并不是实质性的。相反，如果受益人只交付了5桶油，却提交显示交付1000桶的单据，此种行为即为实质性欺诈。

② 厦门市中级人民法院（2004）厦民初字第352号民事判决书，因受益人交付的货物存在严重短缺，影响合同目的的实现，法院最终认定构成实质性欺诈，判决终止支付信用证项下的款项。

③《最高人民法院关于连云港口福食品有限公司与韩国中小企业银行信用证纠纷一案的请示的复函》[（2003）民四他字第33号] 亦持此观点。

欺诈，不仅要从行为本身考察，更重要的是考察行为人是否具有主观恶意……”[①] 另外，还需要指出的是，2016 年《最高人民法院关于审理独立保函纠纷案件若干问题的规定》施行后，审判实践中对独立保函欺诈的认定也有了新的进展，最高人民法院在（2017）最高法民再 134 号案件中指出，认定独立保函欺诈需对基础交易进行审查，但审查应坚持有限及必要原则，审查范围应限于受益人是否明知基础合同的相对人并不存在基础合同项下的违约事实，以及是否存在受益人明知其没有付款请求权的事实。此司法观点对信用证欺诈的认定亦具有很好的借鉴意义。

同时，个案中对于信用证欺诈的认定，不能机械地做司法解释规定的欺诈情形镜像相符认定，而应在受益人主观方面与信用证“二原则”的大前提下，具体问题具体分析。比如，受益人提交的单据中存在轻微的不实之处，如英文的拼写错误、发票货物名称漏写或者码头收据日期的倒签以及基于赶期需要而倒签提单、预借提单，只要这些瑕疵不是基于欺诈的故意，没有造成实质损害，是不应当影响受益人获得偿付的。再如，基础交易中的一般违约行为，如货物包装瑕疵或轻微短缺，但未影响基础合同目的的实现，一般也不应当认定构成欺诈。另外，实践中还应当把握好信用证欺诈与一般民事欺诈以及信用证诈骗犯罪的界限。对于未利用信用证交单相符独特机制进行欺诈的，应按一般民事欺诈处理。对没有真实基础交易非法进行信用证融资，包括利用在国外注册的空壳公司与国内控制的公司、银行人员串通，虚拟交易，用信用证套现等，涉及刑事犯罪的，要及时移送公安机关处理。

（三）第三人欺诈问题

信用证交易中，有条件、有可能实施欺诈的，不仅限于受益人，还包括信用证交易中的第三人，如承运人等。对受益人及受益人与第三人串通欺诈的认定，目前司法界不存在争议。而对于第三人单独实施欺诈是否影响受益人索偿的问题，目前没有定论。有的学者认为，受益人提交了第三人伪造的单据，即使受益人没有意识到此种伪造或欺诈，也应视为受益人欺诈。[②] 有的学者认为，如果虚假单据或欺诈是第三人实施的，受益人对此并不知情，则当受益人

① 最高人民法院民四庭：《关于当前国际金融危机下人民法院审理信用证案件面临问题及其对策的调研报告》，载《人民法院报》2009 年 5 月 28 日。

② 谢可训：《关于信用证欺诈及救济问题研究》，载《武汉大学学报》2001 年第 5 期。

向开证行交单索付时，银行有义务承付。① 对于这两种观点，在国际信用证司法中均有先例，其中，美国“Prutscher v. Fidelity International Bank”案与加拿大“Henderson v. Canadian Imperial Bank of Commerce”案均持前种观点，英国“United Ctiy v. Royal Bank”案则采后一种观点。综上，两种观点的共识是，在受益人明知或参与了第三人的欺诈时，应认定受益人欺诈，对此笔者亦不持异议。而对于善意且不知情的受益人，第三人实施的欺诈是否当然影响受益人的索偿呢？笔者认为，作出何种选择，反映司法的价值取向。以欺诈的存在对抗信用证的支付应该受到严格限制，是国际信用证司法的通识。如果不考量欺诈的主观意图，以欺诈为由而不予支付的例外难免过于宽泛。目前，我国信用证司法实践中还是应当坚持过错原则的标准，慎重认定受益人欺诈。在受益人不知情且无过错的情况下，不宜认定受益人构成欺诈。在受益人不知情但存在过失或放任过错时，可以认定受益人构成欺诈。开证申请人或受益人因第三人欺诈遭受的损失，可以依据《合同法》第一百二十一条规定的原则加以救济。另外，对主张存在基础交易欺诈的案件，在审查基础合同履行情况时，如果是采用国际商会贸易术语（DES、DEQ 或 FOB、FCA）签订的基础合同，还可以在客观方面尝试依据基础合同中标的物风险责任期间的约定，来确定相应期间第三人的欺诈是否导致受益人构成欺诈的问题。

三、信用证欺诈例外原则的适用

信用证独立性原则确保了信用证交易的商业活力，但“银行信用证项下的义务的独立性不应扩展到保护不道德的卖方”②，基于维护商业交易公平的需要，信用证欺诈例外原则作为信用证独立性原则的例外应运而生，并为包括我国在内的各国司法界所认可。一旦发生信用证欺诈，受益人将不再受到信用证独立性原则的保护，法院可以依申请禁止信用证下款项的支付。然而，法院对于欺诈例外的运用应当有严格的条件，放任或扩大将导致司法对信用证的过度干预，将会毁掉信用证这一极具价值的商业工具。

① 牛琨：《信用证欺诈法律问题研究》，中国政法大学 2004 年硕士学位论文。

② 美国信用证欺诈经典案例 Sztejn 案，被理论界称为欺诈例外原则的确立之案，参见 Sztejn v. J. Henry Schroder Banking Corporation，31NYS 2d631（1941）。

（一）欺诈例外原则的适用条件

信用证交易中，支付是原则，不支付是例外，因欺诈导致的不支付是例外中的一种。[①] 所以在严格认定哪些行为构成信用证欺诈的基础上，对于欺诈例外原则的适用应当严格且明确。《信用证规定》第十一条明确了适用欺诈例外原则的五项具体条件，如申请人提供证据材料证明存在该规定第八条的欺诈情形、如不采取中止支付信用证项下款项的措施将会使申请人的合法权益受到难以弥补的损害、提供了可靠充分的担保等。只有在满足条件的情况下，才能启动欺诈例外原则的适用。该条规定提高了适用“信用证欺诈例外”的门槛，防止司法的不当干预阻碍信用证制度在我国的发展。[②] 在欺诈例外原则的具体适用时，还应当注意除外《信用证规定》第十条中的下列情形：1. 开证行的指定人、授权人已按照指令善意地进行了付款；2. 开证行或者其指定人、授权人已对信用证项下票据善意地作出了承兑；3. 保兑行善意地履行了付款义务；4. 议付行善意地进行了议付。为了保护善意第三人的利益，在此四种情形下，即使认定构成信用证欺诈，也不再遵循“信用证欺诈例外”原则，不再通过司法手段干预信用证项下的付款行为。

实践中，由于对“信用证规定”的理解认识不同、对国际惯例的认知不充分以及地方保护主义的干扰等因素，信用证欺诈例外原则的适用较为混乱，止付信用证的随意性较大，存在滥用的嫌疑。在笔者前述检索梳理的涉及信用欺诈的裁判文书中，认定构成信用证欺诈的占比近一半。当然，由于获取的样本较小且覆盖地域不全，数据可能存在一定的偏差，但从侧面也可以看出信用证欺诈例外的司法适用确有些宽松。另外，笔者通过对这些案例的分析，发现欺诈例外原则司法适用中还存在以下几个方面的问题：一是国际惯例认知模糊，对 UCP 等国际惯例缺乏系统认识，援引较少；二是法律适用混淆，对一般民事欺诈与信用证欺诈经常没有做有效区分；三是适用标准随意，对适用欺诈例外所要求的欺诈程度等没有界定，对善意第三人的保护不够。对于上述共性问题，需要在对信用证案件司法裁判尺度逐渐统一的同时，进一步研究与反思。

---

① 在国际信用证司法中，还有违法行为例外、显失公平例外等例外的存在。

② 参见《〈最高人民法院关于审理信用证纠纷案件若干问题的规定〉的说明》。

（二）例外的例外——善意第三人的问题

UCP600 对信用证欺诈例外及其衍生的欺诈例外之例外均未作出规定，留给各国国内法自行解决。《信用证规定》第十条即是对“欺诈例外原则之例外”的规定，该条主要涉及对开证行的指定人、保兑行、议付行等善意第三人的保护问题。为什么要对善意第三人提供例外保护呢？允许第三人参与信用证的付款过程是信用证交易的一大特点，第三人可以对信用证下受益人的汇票或支付命令进行承兑、购买或贴现，或安排其他方式对基础交易进行融资。第三人做这一切的前提是对开证行付款承诺及信誉的信赖，一旦欺诈发生，若由不知情的第三人承担后果，显然会损害信用证的商业价值。基于此，善意第三人免受欺诈例外抗辩就显得尤为重要。

在“欺诈例外原则之例外”具体适用中，第三人的主观方面应当是善意的，只要是诚实进行议付或承兑，不论是否存在疏忽，都应该视为是善意的操作。善意与否主要取决于当事人的主观意图，即是否“故意”或“明知”。同时，对第三人的主体，主要审查该第三人是否获得了开证人的指示或授权，或者信用证中是否存在其可议付的相关协议。对第三人的客观方面，即必须根据信用证的规定支付了对价（付款）或对信用证下的票据作出了承兑。值得指出的是，2013 年，最高人民法院在澳大利亚和新西兰银行（中国）有限公司上海分行与中国农业银行宁波市分行等信用证欺诈纠纷一案驳回再审申请的裁定中指出，对于第三人善意的判断，不能孤立、片面地看待，应结合整个交易的背景、交易细节综合考察。这一司法新趋势值得关注。

另外，《信用证规定》第十条规定“对信用证项下票据善意地作出了承兑”的第三人适用“欺诈例外原则之例外”，即发生欺诈，亦不能止付信用证项下已承兑的票据（一般为远期汇票）。笔者认为，此条忽略了票据法中有关汇票承兑付款日期的相关规定，在票据承兑后付款前，若认定发生信用证欺诈，能否止付该承兑汇票，还有探讨的空间。

［新类型疑难案例选评］

恒某源公司诉天某鸿公司、张某红合同纠纷案

张泽华*

【裁判要旨】

《非法金融机构和非法金融活动取缔办法》第四条虽规定民间票据贴现属于非法金融业务活动，但是其规定不属于法律法规的效力性强制性规定；恒某源公司和天某鸿公司庭审中均陈述仅就本案票据进行了贴现，故不足以扰乱金融市场秩序，涉案转让票据的法律行为应当有效。

【案件索引】

一审：北京市怀柔区人民法院（2018）京0116民初1973号

【基本案情】

原告恒某源公司向北京市怀柔区人民法院诉称：2017年9月5日，恒某源公司与天某鸿公司签订一份销售合同，合同约定天某鸿公司于2017年12月30日前向恒某源公司提供价值300万元的打印耗材。之后恒某源公司支付了相应货款，但天某鸿公司未能按照约定提供货物。张某红作为天某鸿公司一人股

* 作者单位：北京市怀柔区人民法院。

东，应当承担连带责任，故请求法院判令：1. 判令解除2017年9月5日的销售合同、2017年9月6日的销售合同；2. 判令二被告共同返还票据利益款270万元；3. 判令二被告共同支付赔偿金（自2018年2月22日起按每月2.7万元计算）；4. 判令二被告支付原告利息（以欠付270万元为基数，自2017年12月1日起，按照中国人民银行规定的同期贷款利率计算至实际付清之日止）；5. 判令本案诉讼费、保全费由二被告承担。

被告天某鸿公司和张某红辩称：1. 同意解除合同；2. 实际兑付的欠款是270万元，已经还款335135元，但认可欠付金额是240万元；3. 赔偿金和利息不认可，保全费不应承担，诉讼费由法院判决。

法院经审理查明：

2017年9月5日，恒某源公司（买方）与天某鸿公司（卖方）签订销售合同（以下简称销售合同一），约定天某鸿公司向恒某源公司出售打印耗材，恒某源公司于2017年9月5日给付票面金额为300万元的电子商业承兑汇票。2017年9月8日，张某红（买方）与胡某丰（卖方）签订销售合同（以下简称销售合同二），约定胡某丰向张某红出售耗材，张某红于2017年12月1日支付135万元，于2018年2月10日支付135万元，均为现金方式。

庭审中恒某源公司和胡某丰均表示涉案票据相应价值权利归属于恒某源公司，天某鸿公司和张某红均表示张某红是以天某鸿公司的法定代表人身份签订的销售合同二。另外，庭审中双方一致认可，签署销售合同一和销售合同二并非买卖耗材的真实意思表示，卖方也未交付货物，双方的真实意思是以270万元为对价转让票据权利进行贴现。

2017年5月27日，北京航某机器制造有限公司向甘肃长某电子科技有限责任公司出具三张电子商业承兑汇票（票据号码为：290710000028020170527086667××××、290710000028020170527086667××××、290710000028020170527086667××××），票面金额分别为100万元，汇票到期日为2018年3月27日。上述三张汇票经甘肃长某电子科技有限责任公司背书转让给恒某源公司，恒某源公司于2017年9月5日背书给天某鸿公司。

恒某源公司主张天某鸿公司已经给付对价30万元，天某鸿公司和张某红抗辩已经给付对价335135元，并提举了银行汇款凭证用以证明，2017年11月27日支付5万元，2017年12月6日支付103850元，2017年12月20日支付10万元，2017年12月21日支付5万元，2017年12月29日支付8425元，

2018年1月2日支付10500元，2018年1月17日支付12360元。截止到2018年1月17日，天某鸿公司和张某红认可尚欠240万元。

另查，张某红是天某鸿公司工商登记中的唯一股东。

【审理情况】

一审法院认为，本案存在以下争议焦点：第一，销售合同一和销售合同二应否解除；第二，天某鸿公司应当给付恒某源公司多少对价；第三，延迟利息如何起算和赔偿金应否支持。

一、关于销售合同一和销售合同二应否解除问题

行为人与相对人以虚假的意思表示实施的民事法律行为无效，以虚假的意思表示隐藏的民事法律行为效力依照相关法律规定处理。销售合同一和销售合同二的签订主体之间并无买卖耗材的真实意思表示，而是以买卖耗材合同作为伪装，故两份销售合同应当认定无效。恒某源公司与天某鸿公司之间并无真实的交易关系和债权债务关系，而仅是单纯转让票据，实属民间票据贴现行为。《非法金融机构和非法金融活动取缔办法》第四条虽规定民间票据贴现属于非法金融业务活动，但是其规定不属于法律法规的效力性强制性规定；恒某源公司和天某鸿公司庭审中均陈述仅就本案票据进行了贴现，故不足以扰乱金融市场秩序，涉案转让票据的法律行为应当有效。

解除合同的前提是存在有效合同，销售合同一和销售合同二作为以虚假意思表示事实的民事法律行为应属无效，故对于恒某源公司主张解除销售合同一和销售合同二的诉讼请求不予支持。

二、关于天某鸿公司应当给付恒某源公司多少对价问题

上文已述，恒某源公司与天某鸿公司之间存在票据贴现法律关系，双方达成的合意为恒某源公司将票据背书给天某鸿公司，天某鸿公司给付270万元现金作为对价，即于2017年12月1日支付135万元，于2018年2月10日支付135万元。庭审中原告自认天某鸿公司已经付款30万元，且天某鸿公司也承认尚欠240万元，故认定天某鸿公司尚欠恒某源公司对价款240万元。

三、延迟利息如何起算和赔偿金是否支持问题

天某鸿公司应当于2017年12月1日支付135万元，于2018年2月10日

支付135万元，现天某鸿公司自2017年11月27日到2018年1月17日共支付了30多万，且恒某源公司也同意以2018年1月18日作为利息的起算点，故天某鸿公司应当支付的利息为：以105万元为基数，自2018年1月18日起至2018年2月9日止按照中国人民银行规定的同期贷款利率计算；以240万元为基数，自2018年2月11日起至实际给付之日止按照中国人民银行规定的同期贷款利率计算。对于恒某源公司主张的赔偿金问题，一审法院认为其与他人的借贷与本案无关联性，对此不予支持。

另外，张某红作为天某鸿公司的一人股东，未提举充分证据证明其个人财产与公司财产相独立，张某红应当对天某鸿的债务承担连带责任。

北京市怀柔区人民法院于2018年6月28日作出（2018）京0116民初1973号民事判决：1. 天某鸿公司于本判决生效之日起十五日内给付恒某源公司钱款240万元，并支付延期支付的利息（以105万元为基数，自2018年1月18日起至2018年2月9日止按照中国人民银行规定的同期贷款利率计算；以240万元为基数，自2018年2月21日起至实际给付之日止按照中国人民银行规定的同期贷款利率计算）；2. 张某红对天某鸿公司上述债务承担连带清偿责任；3. 驳回恒某源公司其他诉讼请求。

一审判决后，各方均未提起上诉，一审判决生效。

［评析］

民间票据贴现并不必然导致合同无效

通谋虚伪行为中的伪装行为由于双方不存在真实意思表示，应当认定无效；对于隐藏行为，不是一概认定无效或有效，而是根据是否违反法律、行政法规的效力性强制性规定和公序良俗进行效力评价。民间的票据贴现行为虽属非法金融业务活动，但违反的仅为管理性行政法规，并不足以导致合同无效。只有足以构成对金融市场秩序的扰乱，并达到损害社会公共利益的程度时，民间票据贴现行为才应当被认定无效。另外，票据取得所支付的对价应属相对应，其标准应当依据当事人双方约定，而非等同于票面金额。

本案处理的关键节点在于如何评价双方存在的三个合同（两个书面合同和一个事实合同）效力问题以及如何理解票据法中的“对价”。

一、合同效力评价：通谋虚伪行为与民间票据贴现

（一）通谋虚伪行为中行为效力的确定

通谋虚伪行为是指行为人与相对人通谋以虚假的意思表示实施的民事法律行为。[①] 该行为实际上包含了两个行为，前者是伪装行为，即虚假意思表示的行为；后者是隐藏行为，即被隐藏的真实意思表示的行为。我国《民法总则》第一百四十六条对通谋虚伪行为进行了规定：对于伪装行为由于双方不存在真实意思表示，故伪装行为无效；对于隐藏行为，不是一概认定无效或有效，而是根据是否违反法律、行政法规的效力性强制性规定和公序良俗进行效力评价。

本案中，双方销售合同一和销售合同二的签订主体之间并无买卖耗材的真实意思表示，而是以买卖耗材合同作为伪装，行为人与相对人以虚假的意思表示实施的伪装行为应当无效，故两份销售合同应为无效。恒某源公司与天某鸿公司之间意欲转让票据的隐藏行为实属民间票据贴现，是否有效应当依据相关法律法规确定。

（二）民间票据贴现并不必然导致合同无效

我国《合同法》第五十二条规定，合同因下列原因而导致无效，其中包括：一方以欺诈、胁迫的手段订立合同，损害国家利益；恶意串通，损害国家、集体或者第三人利益；以合法形式掩盖非法目的；损害社会公共利益；违反法律、行政法规的强制性规定。结合本案案情，隐藏行为只涉及是否因“违反法律、行政法规的强制性规定”和“损害社会公共利益”而被认定无效。

1. 管理性行政法规不同于法律、行政法规的强制性规定

（1）确认无效的法律依据

《民法通则》规定“违反法律法规”的民事行为无效，后在《合同法》中将认定合同无效的依据限定在“违反法律、行政法规的强制性规定”，即应当以全国人民代表大会及其常委会制定的法律和国务院制定的行政法规为依据。由于《合同法》中的范围在司法实践中仍旧宽泛，《最高人民法院关于适用

---

① 沈德咏主编：《〈中华人民共和国民法总则〉条文理解与适用》（下），人民法院出版社2017年版，第976页。

商事法律文件解读

〈中华人民共和国合同法〉若干问题的解释（二）》将“强制性规定”限定为效力性强制规范。但是在司法实务中，究竟何为效力性强制规定，何为管理性强制规定众说纷纭，没有定论《民法总则》仍将认定民事法律行为无效的依据限定在了“法律和行政法规的强制性规定”，同时以但书的形式对法律依据进行了限制，即“该强制性规定不导致该民事法律行为无效的除外”。

（2）强制性规范和任意性规范的区分和界定

法律规范分为强制性规范和任意性规范。强制性规范又进一步区别为效力性规范①和管理性规范②。效力性规范和管理性规范二者如何区分？人民法院应当综合法律法规的意旨，权衡相互冲突的权益，诸如权益的种类、交易安全以及其所规制的对象等，综合认定强制性规范的类型。如果强制性规范规制的是合同行为本身即只要该合同行为发生即绝对地损害国家利益或者社会公共利益的，人民法院应当认定合同无效。如果强制性规范规制的是当事人的“市场准入”而非某种类型的合同行为，或者规制的是某种合同的履行行为而非某类合同行为，人民法院对于此类合同效力的认定应当慎重，必要时应当征求相关立法部门的意见或者请示上级人民法院。③

具体识别效力性强制规范需要查明三个方面：第一，法律或行政法规是否明确规定违反其后果一定导致合同无效；第二，虽未明确违反规定即无效，但如果时合同有效则会损害国家和社会公共利益；第三，违反该规范的行为后果表现为民商事法律行为效力的否定性评价。识别管理性规范，也要从三个方面进行把握：第一，该法律或行政法规的立法目的是为了实现管理；第二，规范调整对象是主体行为资格，并非内容本身；第三，规范旨在对违反行为进行管理和处罚。④

---

① 效力性规范是指法律及行政法规明确规定违反了这些禁止性规定将导致合同无效或者合同不成立，抑或虽然没有明确规定违反了这些禁止性规定将导致合同无效或者合同不成立，但是违反了这些禁止性规定后如果合同继续有效将损害国家利益和社会公共利益的规范。

② 管理性规范指法律及行政法规没有明确规定违反规范将导致合同无效或者不成立，而且违反此类规范后如果使合同继续有效也并不损害国家或者社会公共利益，而只是损害当事人的利益的规范。

③《最高人民法院关于当前形势下审理民商事合同纠纷案件若干问题的指导意见》（法发〔2009〕40号）。

④ 江必新主编、最高人民法院审判监督庭编：《审判监督指导》2011年第4辑（总第38辑），人民法院出版社2012年版，第268页。

(3)《非法金融机构和非法金融活动取缔办法》属管理性行政法规

1998年7月13日国务院颁布的《非法金融机构和非法金融活动取缔办法》第四条规定，未经中国人民银行批准，非法办理票据贴现，属于非法金融业务活动。该行政法规颁布在特殊时期，时值1998年左右，我国非法金融业务活动十分活跃，故为维护金融秩序，保护社会公众利益而颁布实施。该办法第二条明确规定对任何非法金融机构和非法金融业务活动必须予以取缔，具有浓重的管理化色彩。该办法是规范非法金融机构和非法金融业务活动的管理性行政法规，并非效力性强制性行政法规。

2. 非以此为业的个别民间票据贴现，不足以扰乱金融市场秩序，无损社会公共利益

本案中，依据现有证据和当事人陈述，恒某源公司与天某鸿公司并未经常从事票据贴现业务活动，仅存在本案一笔转让票据行为，不足以构成对金融市场秩序的扰乱，尚未达到损害社会公共利益的程度。

二、票据对价："当事人认可"与"相对应"

我国《票据法》基本采纳了《统一汇票本票法公约》的立法思路，但唯独引用了英美法中"对价"的概念，并解释为"票据双方当事人认可的相对应的代价"。具体而言，就是票据取得所支付的代价应属相对应的，但是相对应的标准应当依据当事人双方约定，而非等同于票面金额。

本案中，恒某源公司与天某鸿公司之间存在票据转让法律关系，双方达成的事实合意为恒某源公司将票据背书给天某鸿公司，天某鸿公司给付270万元现金作为对价，即于2017年12月1日支付135万元，于2018年2月10日支付135万元。虽然票面金额为300万元，但是双方认可的对价为270万元，故在天某鸿公司已经付款30万元基础上，其尚欠恒某源公司对价款240万元。

南京杰某集团有限公司诉巢湖市蓝某投资管理有限公司股权转让纠纷案

张红柳* 陆文波**

关键词：股东 公司债务 股权转让 披露 责任

【裁判要旨】

1. 公司作为具有独立法人人格的商事主体，其财产具有闭合性、独立性的特点，公司财产既独立于其他商事主体，独立于其股东，也独立于其所持有股权的公司之债务。

2. 股权转让中，转让方与受让方可依据意思自治原则，约定披露的债权债务范围及由此承担的责任。在转让双方未特别约定需披露目标公司持股公司的债务时，应认定转让方需要披露的债权债务范围仅指向目标公司。受让方以转让方未披露目标公司持股公司的债务为由要求转让方承担责任的，不应支持。

【案件索引】

一审：安徽省巢湖市人民法院（2017）皖0181民初5518号（2018年3月12日）

二审：安徽省合肥市中级人民法院（2018）皖01民终3983号（2018年7月16日）

---

* 作者单位：安徽省高级人民法院。

** 作者单位：合肥市中级人民法院。

【基本案情】

原告：巢湖市蓝某投资管理有限公司（以下简称蓝某投资公司），住所地安徽省巢湖市健康东路。

法定代表人：牛某平，该公司董事长兼总经理。

被告：南京杰某集团有限公司（以下简称杰某集团公司），住所地江苏省南京市沿江工业开发区。

法定代表人：王某胜，公司总经理。

2012年12月24日，蓝某投资公司与杰某集团公司签订一份《合作协议书》，约定杰某集团公司将其持有的宏某矿业公司46%股权以10110万元的价格转让给蓝某投资公司。协议约定，杰某集团公司向蓝某投资公司披露的宏某矿业公司的债权债务由宏某矿业公司完整继承，未披露的由杰某集团公司承担。2013年1月15日，蓝某投资公司与杰某集团公司依据上述协议书签订一份《股权转让协议》，对前述股权转让的标的、价格等条款作了约定，将宏某矿业公司的主要债权债务列明作为协议附件。附件载明宏某矿业公司债权债务：一是宏某矿业公司与杰某集团内部公司往来情况；二是宏某矿业公司与外部单位及个人往来情况；三是宏某矿业公司银行贷款。之后，蓝某投资公司与杰某集团公司办理了股权变更登记。

宏某某塘公司为宏某矿业公司持股55%的独立法人，其他股东包括项某繁等自然人。2011年8月，宏某某塘公司与项某繁等人签订生产经营权承包合同，约定由项某繁等人自筹资金利用宏某某塘公司设备、场地进行生产，期限自2011年9月至2012年9月1日，若项某繁等无违规行为，期限顺延至2014年8月31日止。合同签订后，项某繁、柳庆某、柳亚某承包经营宏某某塘公司至2013年1月31日。因宏某某塘公司欠付项某繁等人2011年9月至2013年1月的承包应得利润，遂被起诉至安徽省巢湖市人民法院，法院审理后认定宏某某塘公司欠付项某繁等三人承包费9266067.31元。2011年9月1日，宏某某塘公司作为甲方与李某祥为负责人的原巢湖市祥发石灰建材厂（乙方，以下简称祥发建材厂）签订《建材石料购买合同》及其补充合同，约定祥发建材厂向宏某某塘公司购买360万元碎石料，供应期限自2011年8月31日至2012年12月31日，最终以祥发建材厂购完20万吨石料为截止日。合同签订后，祥发建材厂预付宏某某塘公司石料款360万元，截至2012年10月

23日宏某某塘公司提供爆破石料114454.16吨。李某祥为索回预付货款起诉至安徽省巢湖市人民法院，法院判决宏某某塘公司返还李某祥货款1539825.12元及相应利息。

杰某集团公司向蓝某投资公司转让股权时，没有披露以上两项债务。

【裁判结果】

安徽省巢湖市人民法院于2018年3月12日作出（2017）皖0181民初5518号民事判决，判决：1. 杰某集团公司于判决生效之日起十日内赔偿蓝某投资公司2733890.78元；2. 驳回蓝某投资公司的其他诉讼请求。

宣判后，杰某集团公司提出上诉。安徽省合肥市中级人民法院以宏某矿业公司为独立法人、宏某某塘公司的债务不属于披露范围为由，于2018年7月16日作出（2018）皖01民终3983号民事判决：1. 撤销安徽省巢湖市人民法院（2017）皖0181民初5518号民事判决；2. 驳回蓝某投资公司的诉讼请求。

【裁判理由】

法院生效裁判认为：

《公司法》第三条规定，公司是企业法人，有独立的法人财产，享有法人财产权。公司以其全部财产对公司的债务承担责任。有限责任公司的股东以其认缴的出资额为限对公司承担责任；股份有限公司的股东以其认购的股份为限对公司承担责任。本案中，杰某集团公司向蓝某投资公司转让的系其所持宏某矿业公司股权，在双方当事人签订的《合作协议书》中，关于股权转让时所披露的债权债务约定为宏某矿业公司的债权债务。依据上述法律规定结合双方当事人签订的协议，应当认定宏某某塘公司债权债务不包含在双方股权转让时约定披露的债权债务范围内。首先，从公司财产的属性看。公司作为一个独立的商事主体，其财产具有闭合性、独立性的特点，公司的财产既独立于其他商事主体也独立于其股东，公司以其自有财产对外承担责任、履行义务。本案中，宏某矿业公司、宏某某塘公司均为经工商登记的独立营利性法人，具有公司的自然属性，虽宏某矿业公司是宏某某塘公司股东，但两公司的财产及债权债务互相独立，股东财产与公司财产并不混淆，宏某矿业公司出资到宏某某塘公司的财产归宏某某塘公司所有，宏某矿业公司以其出资对宏某某塘公司承担责任，而宏某某塘公司的债权债务则由宏某某塘公司独立承担，与宏某矿业公司并不相关，除非有证据证明两公司之间有资产混同的情况存在。其次，从案涉双方当事人的约定看。当事人意思自治是贯穿商事活动的基本原则之一，股权转让时，转让方与受让方可以约定各自的权利义务，特别是股权转让前后目标公司及其他债权债务的承担。本案中，杰某集团公司与蓝某投资公司在转让宏某矿业公司股权时，约定披露的债权债务范围以及披露后的法律后果承担属于当事人意思自治范畴，并无法律强制性约束。在案涉《合作协议书》中，双方约定杰某集团公司披露的宏某矿业公司债权债务由宏某矿业公司完整继承，未披露的由杰某集团公司承担。就双方当事人约定的条款而言，约定披露的范围明确为宏某矿业公司债权债务，并未提及宏某某塘公司的债权债务。对于宏某矿业公司和宏某某塘公司是相互独立的，宏某某塘公司债权债务并不包含于宏某矿业公司债权债务内，受让方蓝某投资公司与转让方杰某集团公司均应知晓。因此，在当事人未将对宏某某塘公司债权债务的披露约定作为双方股权转让条款内容时，不能因宏某矿业公司持有宏某某塘公司的股权而将双方约定的内容任意扩大。再次，从案涉《合作协议书》附件内容看。对宏某矿业公司的债权债务状况，双方以附件形式加以明确，成为《合作协议书》的一部分。附件中，宏某矿业公司的债权债务由三部分组成：宏某矿业公司与南京杰某集团内部公司往来情况；宏某矿业公司与外部单位及个人往来情况；宏某矿业公司银行贷款。附件上债权债务的主体均为宏某矿业公司，并未提及宏某某塘公司。此附件的内容与杰某集团公司和蓝某投资公司在《合作协议书》约定披露的条款内容相一致，没有模糊边界或产生其他歧义。虽在附件中有“其他债权债务金额较小，详见财务报表”的表述，且财务报表中涉及宏某某塘公司，但该附件中的如此表述与蓝某投资公司主张的宏某某塘公司为宏某矿业公司的核心资产，披露的主要债务为宏某某塘公司债务相悖，亦不能据此认定宏某某塘公司的债权债务为双方约定披露的范围。最后，即便如蓝某投资公司所述宏某矿业公司的核心资产为宏某某塘公司，宏某某塘公司债权债务状况影响到蓝某投资公司与杰某集团公司股权转让，本案所涉债务亦不在披露的范围内。关于项某繁等三人的承包费，在杰某集团公司向蓝某投资公司转让宏某矿业公司的股权时，宏某某塘公司尚处于项某繁等三人承包经营期间，宏某某塘公司与项某繁等就承包期间的利润未进行结算，双方债权债务并不明了。关于李某祥货款问题，李某祥与宏某某塘公司之间为货物买卖关系，李某祥支付一定货款，宏某某塘公司提供相应的货物。在李某祥货款支付后，宏某某塘公司未将对应的货物予以交付，应返还货款。就宏某某塘公司而言，其返还货款后，相对应的货物仍属于该公司所有，实质上并未增加其对外债务。

本案中，蓝某投资公司主张对其造成损失的债务有两笔，一笔为宏某某塘公司对外应支付的承包费，一笔为宏某某塘公司对外应返还的货款，债务主体均为宏某某塘公司。蓝某投资公司与宏某某塘公司的关系为，蓝某投资公司持有46%的宏某矿业公司股权，宏某矿业公司持有55%的宏某某塘公司股权，也即蓝某投资公司是宏某某塘公司股东的股东。依照《最高人民法院关于适用〈中华人民共和国公司法〉若干问题的规定（三）》第十三条、第十四条的规定，公司与股东为相互独立的主体，公司的债务应由公司独立承担，并不涉及股东责任的承担，除股东未履行或全面履行出资义务以及抽逃出资。本起案件中，并无证据证明案涉公司股东存在上述情形。在上述公司的股东完成其出资义务后，其对所持股公司的债权债务股东无承担之义务。同时，公司的债权债务系公司正常经营中必然产生的，不能认为公司债务增加即必然给股东造成损失。并且，蓝某投资公司陈述案涉债务均履行完毕，但并未提供证据系其或宏某矿业公司予以承担。

综上，蓝某投资公司所主张的债务为宏某某塘公司之债，非双方当事人约定应当披露的债权、债务范围，蓝某投资公司以此债务给其造成损失为由，要求杰某集团公司承担责任无事实及法律依据。

［评析］

股权转让中未特别约定需披露目标公司持股公司债务时，只需披露目标公司债务

本案为股权转让纠纷，当事人双方争议标的既非支付股权转让款，亦非股权的变更登记，抑或股权购买的优先受偿权，而是股权转让中原股东对目标公司的债权债务披露义务及由此产生的责任承担。本案中，目标公司债权债务的范围确认是据以界定股权转让方是否应当承担责任的基础，对此，一、二审法院作出不同的认定，分歧在于对公司制度根基的理解与具体运用不同。

一审法院混淆了目标公司债权债务与目标公司所持股公司债权债务之间的关系，二审法院则基于公司独立人格原则及股东的有限责任予以区别，并对一审判决作出颠覆性改判。

一、公司人格的独立性决定公司的财产独立

公司的独立人格与股东的有限责任是公司制度的两大基石。《公司法》第三条规定，公司是企业法人，有独立的法人财产，享有法人财产权。公司以其全部财产对公司的债务承担责任。有限责任公司的股东以其认缴的出资额为限对公司承担责任；股份有限公司的股东以其认购的股份为限对公司承担责任。公司作为企业法人，具有民事权利能力和民事行为能力，依法独立享有民事权利和承担民事责任。公司能够独立承担民事责任的基础是其必须有独立的财产，公司的经营与运转以及对外责任的承担均依附于此。首先，公司的财产不混同于股东的财产。股东作为公司的发起人或出资人，依照公司章程的约定，向公司缴纳出资。股东完成其出资后，其出资至公司的财产，因出资行为的完成而成为公司的财产。股东的出资形成公司成立之初的财产，当公司一旦成立，则股东的出资归于公司，财产权归公司所有，与股东的其他个人财产独立开来。公司成立后，其经营过程中形成的财产当然归公司所有，产生的债务亦应当由公司承担，而无股东之责，当然，前提为股东已完成出资义务。依据公司法的规定，在涉及公司的诉讼中，除一人有限责任公司需由股东自证其财产独立于公司的财产外，其他均应以认定公司与股东财产的相互独立为原则。其次，公司的财产不混同于所持股公司的财产。公司由股东出资成立后，公司以其自有财产进行投资、经营。公司出资成立其他公司或持有其他公司的股权，是公司的一种经营方式及投资手段。需要明确的是，公司与其持股公司均为具有法人人格的企业，具有公司的基本特质，即独立的人格权和财产权。公司对于其持股公司而言，为持股公司的股东；持股公司对于公司而言，为公司的出资对象。两者人格独立、财产独立，各自独立承担其债权债务，并无交叉、自成闭环。在本案中，杰某集团公司系宏某矿业公司的股东，其向蓝某投资公司转让的是宏某矿业公司股权。宏某某塘公司虽为宏某矿业公司投资的公司，但其与宏某矿业公司均为经工商登记的独立营利性法人，两公司的财产及债权债务互相独立，宏某矿业公司出资到宏某某塘公司的财产归宏某某塘公司所有，宏某某塘公司的债务则由宏

某某塘公司独立承担，与宏某矿业公司无涉。

二、股权转让中的权利限制与尊重当事人的意思自治

股权作为财产权的一种，属于股东的私有财产，具有转让的利益及价值，股东可自行决定持有或对外转让；同时，公司兼具资合性和人合性的特征，体现在股权转让中是转让方的权利限制及当事人意思自治之间的相互融合。其一，股权转让中的权利限制。公司系股东基于契约而形成的法人机构，股东之间的理解与配合是公司正常经营的基础，股东若存在矛盾或争议将可能导致公司权力机构的失灵，产生公司的僵局，损害公司及股东的利益，甚至于走向死亡之路。而股权的对外转让，意味着股东之外的其他主体加入公司，成为新股东，对老股东而言，接受新成员，则公司的权力机构成员亦相应产生改变，不可不慎。《公司法》第七十一条规定，有限责任公司的股东之间可以相互转让其全部或者部分股权。股东向股东以外的人转让股权，应当经其他股东过半数同意。经股东同意转让的股权，在同等条件下，其他股东有优先购买权。第七十二条规定，人民法院依照法律规定的强制执行程序转让股东的股权时，应当通知公司及全体股东，其他股东在同等条件下有优先购买权。上述法律中体现出转让股权的权利限制：一是向股东之外的人转让股权，需经过其他股东的同意；二是其他股东对拟转让股权具有优先购买权。该规定是由公司人合性所决定的，有利于股东权利及公司权利的保护。其二，尊重当事人的意思自治。当事人意思自治为商事活动的基本原则，贯穿于整个商事活动。《合同法》第四条规定，当事人依法享有自愿订立合同的权利，任何单位和个人不得非法干预。股东转让股权是对自有财产的处置，应当遵照意思自治的原则。股权转让的对象一旦确定，转让方与受让方在不违反法律、行政法规强制性规定的情况下，可以自由约定股权转让的具体事项。实践中，股权转让合同中，除约定股权价款、支付方式、股权变更时间外，通常会约定股权转让方与受让方承担相关债权债务的时间节点，转让方应当披露的公司债权债务范围及其责任承担。上述内容均为当事人意思自治的范围，可由双方自由约定。依据商事交易的惯例，在当事人未作出特别约定时，股权转让时债权债务指向的是目标公司的债权债务，债权债务承接时间节点为股权变更之时，债权债务范围为转让方所披露的公司债权债务。当然，若当事人双方特别约定，要求转让方向受让方披露目标公司的持股公司状况，并据此

承担相应的责任，亦为当事人的意思自治，应予以遵守。联系到本案，杰某集团公司与蓝某投资公司约定披露的为宏某矿业公司债权债务，并未提及宏某某塘公司的债权债务。因此，从意思自治的角度看，宏某某塘公司的债权债务非为杰某集团公司与蓝某投资公司约定披露的范围，蓝某投资公司要求杰某集团公司承担双方未约定的事项责任，显然缺乏合同依据。

三、特殊情形下，股东与公司债务的互担

公司为独立商事主体，以其资产对外承担责任，股东以其出资额为限向公司承担责任，此以公司正常经营及股东正常行使权利为前提。当公司与股东的财产、人格出现混同时，则公司的独立地位与股东的有限责任会随之消失，笼罩着公司的面纱将面临刺破之风险，股权的责任随之扩张。其一，股东以个人财产为公司债务承担责任。《公司法》第二十条第三款规定，公司股东滥用公司法人独立地位和股东有限责任，逃避债务，严重损害公司债权人利益的，应当对公司债务承担连带责任。此条规定是为防止公司独立人格被滥用，保护债权人的利益和社会公共利益，而在特定情形下否认公司的独立人格，打破股东责任的有限性。实践中，主要情形有：股东与公司财产不分、公司由股东实际控制、股东以公司之名行利己之实、公司资产严重不足等。2013年，最高人民法院公布的第15号指导案例“徐工集团工程机械股份有限公司诉成都川交工贸有限责任公司等买卖合同纠纷案”，首次打破了“刺破公司面纱”制度仅就股东与公司之间混同适用的情形，将关联公司纳入债务连带责任的范畴。其二，公司为股东债务承担责任，被称为“公司面纱的反向刺破”，即在特定情况下否定公司的独立人格，由公司为股东的债务承担责任。司法实践中，当出现股东为了逃避自身债务将自己个人财产无偿或低价转移进公司，或大股东利用控制权在各关联公司之间转移资产、挪用资金等情形，股东的债权人则可要求公司为股东的债务担责。但需要注意的是，股东与公司的债务互担是对公司基本制度的挑战，需要审慎处理，原告需要对公司与股东人格存在混同，且已损害其作为债权人的利益进行充分举证证明，方能适用揭开公司面纱制度。

[最新立法司法动态]

民法典各分编（草案）征求意见（九）

第三节　技术转让合同

第六百四十七条　技术转让合同是合法拥有技术的权利人，将现有特定的专利、专利申请、技术秘密的相关权利让与他人，或者许可他人实施、使用所订立的合同。

技术转让合同中关于让与人向受让人提供实施技术的专用设备、原材料或者提供有关的技术咨询、技术服务的约定，属于技术转让合同的组成部分。

技术转让合同包括专利权转让、专利申请权转让、技术秘密转让、专利实施许可合同。

技术转让合同应当采用书面形式。

第六百四十八条　技术转让合同可以约定让与人和受让人实施专利或者使用技术秘密的范围，但是不得限制技术竞争和技术发展。

第六百四十九条　专利实施许可合同只在该专利权的存续期间内有效。专利权有效期限届满或者专利权被宣布无效的，专利权人不得就该专利与他人订立专利实施许可合同。

第六百五十条　专利实施许可合同的让与人应当按照约定许可受让人实施专利，交付实施专利有关的技术资料，提供必要的技术指导。

第六百五十一条　专利实施许可合同的受让人应当按照约定实施专利，不得许可约定以外的第三人实施该专利；并按照约定支付使用费。

第六百五十二条　技术秘密转让合同的让与人应当按照约定提供技术资

料，进行技术指导，保证技术的实用性、可靠性，承担保密义务。

前款规定的保密义务，不限制让与人申请专利，但是当事人另有约定的除外。

第六百五十三条 技术秘密转让合同的受让人应当按照约定使用技术，支付使用费，承担保密义务。

第六百五十四条 技术转让合同的让与人应当保证自己是所提供的技术的合法拥有者，并保证所提供的技术完整、无误、有效，能够达到约定的目标。

第六百五十五条 技术转让合同的受让人应当按照约定的范围和期限，对让与人提供的技术中尚未公开的秘密部分，承担保密义务。

第六百五十六条 让与人未按照约定转让技术的，应当返还部分或者全部使用费，并应当承担违约责任；实施专利或者使用技术秘密超越约定的范围的，违反约定擅自许可第三人实施该项专利或者使用该项技术秘密的，应当停止违约行为，承担违约责任；违反约定的保密义务的，应当承担违约责任。

第六百五十七条 受让人未按照约定支付使用费的，应当补交使用费并按照约定支付违约金；不补交使用费或者支付违约金的，应当停止实施专利或者使用技术秘密，交还技术资料，承担违约责任；实施专利或者使用技术秘密超越约定的范围的，未经让与人同意擅自许可第三人实施该专利或者使用该技术秘密的，应当停止违约行为，承担违约责任；违反约定的保密义务的，应当承担违约责任。

第六百五十八条 受让人按照约定实施专利、使用技术秘密侵害他人合法权益的，由让与人承担责任，但是当事人另有约定的除外。

第六百五十九条 当事人可以按照互利的原则，在技术转让合同中约定实施专利、使用技术秘密后续改进的技术成果的分享办法。没有约定或者约定不明确，依照本法第三百零一条的规定仍不能确定的，一方后续改进的技术成果，其他各方无权分享。

第六百六十条 法律、行政法规对技术进出口合同或者专利、专利申请合同另有规定的，依照其规定。

第四节　技术咨询合同和技术服务合同

第六百六十一条 技术咨询合同包括就特定技术项目提供可行性论证、

技术预测、专题技术调查、分析评价报告等合同。

技术服务合同是当事人一方以技术知识为另一方解决特定技术问题所订立的合同，不包括承揽合同和建设工程合同。

第六百六十二条 技术咨询合同的委托人应当按照约定阐明咨询的问题，提供技术背景材料及有关技术资料、数据；接受受托人的工作成果，支付报酬。

第六百六十三条 技术咨询合同的受托人应当按照约定的期限完成咨询报告或者解答问题；提出的咨询报告应当达到约定的要求。

第六百六十四条 技术咨询合同的委托人未按照约定提供必要的资料和数据，影响工作进度和质量，不接受或者逾期接受工作成果的，支付的报酬不得追回，未支付的报酬应当支付。

技术咨询合同的受托人未按期提出咨询报告或者提出的咨询报告不符合约定的，应当承担减收或者免收报酬等违约责任。

技术咨询合同的委托人按照受托人符合约定要求的咨询报告和意见作出决策所造成的损失，由委托人承担，但是当事人另有约定的除外。

第六百六十五条 技术服务合同的委托人应当按照约定提供工作条件，完成配合事项；接受工作成果并支付报酬。

第六百六十六条 技术服务合同的受托人应当按照约定完成服务项目，解决技术问题，保证工作质量，并传授解决技术问题的知识。

第六百六十七条 技术服务合同的委托人不履行合同义务或者履行合同义务不符合约定，影响工作进度和质量，不接受或者逾期接受工作成果的，支付的报酬不得追回，未支付的报酬应当支付。

技术服务合同的受托人未按照合同约定完成服务工作的，应当承担免收报酬等违约责任。

第六百六十八条 在技术咨询合同、技术服务合同履行过程中，受托人利用委托人提供的技术资料和工作条件完成的新的技术成果，属于受托人。委托人利用受托人的工作成果完成的新的技术成果，属于委托人。当事人另有约定的，按照其约定。

第六百六十九条 技术咨询合同和技术服务合同对受托人正常开展工作所需费用的负担没有约定或者约定不明确的，由受托人负担。

第六百七十条 法律、行政法规对技术中介合同、技术培训合同另有规定的，依照其规定。

第二十章　保管合同

第六百七十一条　保管合同是保管人保管寄存人交付的保管物，并返还该物的合同。

寄存人到保管人处从事购物、就餐、住宿等活动，将物品存放在指定场所的，视为保管，但是当事人另有约定或者另有交易习惯的除外。

第六百七十二条　寄存人应当按照约定向保管人支付保管费。

当事人对保管费没有约定或者约定不明确，依照本法第三百零一条的规定仍不能确定的，保管是无偿的。

第六百七十三条　保管合同自保管物交付时成立，但是当事人另有约定的除外。

第六百七十四条　寄存人向保管人交付保管物的，保管人应当给付保管凭证，但是另有交易习惯的除外。

第六百七十五条　保管人应当妥善保管保管物。

当事人可以约定保管场所或者方法。除紧急情况或者为了维护寄存人利益的以外，不得擅自改变保管场所或者方法。

第六百七十六条　寄存人交付的保管物有瑕疵或者按照保管物的性质需要采取特殊保管措施的，寄存人应当将有关情况告知保管人。寄存人未告知，致使保管物受损失的，保管人不承担损害赔偿责任；保管人因此受损失的，除保管人知道或者应当知道并且未采取补救措施的以外，寄存人应当承担损害赔偿责任。

第六百七十七条　保管人不得将保管物转交第三人保管，但是当事人另有约定的除外。

保管人违反前款规定，将保管物转交第三人保管，对保管物造成损失的，应当承担损害赔偿责任。

第六百七十八条　保管人不得使用或者许可第三人使用保管物，但是当事人另有约定的除外。

第六百七十九条　第三人对保管物主张权利的，除依法对保管物采取保全或者执行的以外，保管人应当履行向寄存人返还保管物的义务。

第三人对保管人提起诉讼或者对保管物申请扣押的，保管人应当及时通知寄存人。

第六百八十条 保管期间，因保管人保管不善造成保管物毁损、灭失的，保管人应当承担损害赔偿责任，但是保管是无偿的，保管人证明自己没有故意或者重大过失的，不承担损害赔偿责任。

第六百八十一条 寄存人寄存货币、有价证券或者其他贵重物品的，应当向保管人声明，由保管人验收或者封存。寄存人未声明的，该物品毁损、灭失后，保管人可以按照一般物品予以赔偿。

第六百八十二条 寄存人可以随时领取保管物。

当事人对保管期间没有约定或者约定不明确的，保管人可以随时要求寄存人领取保管物；约定保管期间的，保管人无特别事由，不得要求寄存人提前领取保管物。

第六百八十三条 保管期间届满或者寄存人提前领取保管物的，保管人应当将原物及其孳息归还寄存人。

第六百八十四条 保管人保管货币的，可以返还相同种类、数量的货币。保管其他可替代物的，可以按照约定返还相同种类、品质、数量的物品。

第六百八十五条 有偿的保管合同，寄存人应当按照约定的期限向保管人支付保管费。

当事人对支付期限没有约定或者约定不明确，依照本法第三百零一条的规定仍不能确定的，应当在领取保管物的同时支付。

第六百八十六条 寄存人未按照约定支付保管费以及其他费用的，保管人对保管物享有留置权，但是当事人另有约定的除外。

第二十一章　仓储合同

第六百八十七条 仓储合同是保管人储存存货人交付的仓储物，存货人支付仓储费的合同。

第六百八十八条 仓储合同自保管人和存货人意思表示一致时成立。

第六百八十九条 储存易燃、易爆、有毒、有腐蚀性、有放射性等危险物品或者易变质物品，存货人应当说明该物品的性质，提供有关资料。

存货人违反前款规定的，保管人可以拒收仓储物，也可以采取相应措施以避免损失的发生，因此产生的费用由存货人承担。

保管人储存易燃、易爆、有毒、有腐蚀性、有放射性等危险物品的，应当具备相应的保管条件。

第六百九十条 保管人应当按照约定对入库仓储物进行验收。保管人验收时发现入库仓储物与约定不符合的，应当及时通知存货人。保管人验收后，发生仓储物的品种、数量、质量不符合约定的，保管人应当承担损害赔偿责任。

第六百九十一条 存货人交付仓储物的，保管人应当给付仓单、入库单等凭证。

第六百九十二条 保管人应当在仓单上签字或者盖章。仓单包括下列事项：

（一）存货人的姓名或者名称和住所；

（二）仓储物的品种、数量、质量、包装、件数和标记；

（三）仓储物的损耗标准；

（四）储存场所；

（五）储存期间；

（六）仓储费；

（七）仓储物已经办理保险的，其保险金额、期间以及保险人的名称；

（八）填发人、填发地和填发日期。

第六百九十三条 仓单是提取仓储物的凭证。存货人或者仓单持有人在仓单上背书并经保管人签字或者盖章的，可以转让提取仓储物的权利。

第六百九十四条 保管人根据存货人或者仓单持有人的要求，应当同意其检查仓储物或者提取样品。

第六百九十五条 保管人发现入库仓储物有变质或者其他损坏的，应当及时通知存货人或者仓单持有人。

第六百九十六条 保管人对入库仓储物发现有变质或者其他损坏，危及其他仓储物的安全和正常保管的，应当催告存货人或者仓单持有人作出必要的处置。因情况紧急，保管人可以作出必要的处置，但是事后应当将该情况及时通知存货人或者仓单持有人。

第六百九十七条 当事人对储存期间没有约定或者约定不明确的，存货人或者仓单持有人可以随时提取仓储物，保管人也可以随时要求存货人或者仓单持有人提取仓储物，但是应当给予必要的准备时间。

第六百九十八条 储存期间届满，存货人或者仓单持有人应当凭仓单提取仓储物。存货人或者仓单持有人逾期提取的，应当加收仓储费；提前提取的，不减收仓储费。

第六百九十九条 储存期间届满，存货人或者仓单持有人不提取仓储物的，保管人可以催告其在合理期限内提取，逾期不提取的，保管人可以提存仓储物。

第七百条 储存期间，因保管人保管不善造成仓储物毁损、灭失的，保管人应当承担损害赔偿责任。因仓储物的性质、包装不符合约定或者超过有效储存期造成仓储物变质、损坏的，保管人不承担损害赔偿责任。

第七百零一条 本章没有规定的，适用保管合同的有关规定。

第二十二章 委托合同

第七百零二条 委托合同是委托人和受托人约定，由受托人处理委托人事务的合同。

第七百零三条 委托人可以特别委托受托人处理一项或者数项事务，也可以概括委托受托人处理一切事务。

第七百零四条 委托人应当预付处理委托事务的费用。受托人为处理委托事务垫付的必要费用，委托人应当偿还该费用及其利息。

第七百零五条 受托人应当按照委托人的指示处理委托事务。需要变更委托人指示的，应当经委托人同意；因情况紧急，难以和委托人取得联系的，受托人应当妥善处理委托事务，但是事后应当将该情况及时报告委托人。

第七百零六条 受托人应当亲自处理委托事务。经委托人同意，受托人可以转委托。转委托经同意的，委托人可以就委托事务直接指示转委托的第三人，受托人仅就第三人的选任及其对第三人的指示承担责任。转委托未经同意的，受托人应当对转委托的第三人的行为承担责任，但是在紧急情况下受托人为维护委托人的利益需要转委托的除外。

第七百零七条 受托人应当按照委托人的要求，报告委托事务的处理情况。委托合同终止时，受托人应当报告委托事务的结果。

第七百零八条 受托人以自己的名义，在委托人的授权范围内与第三人订立的合同，第三人在订立合同时知道受托人与委托人之间的代理关系的，该合同直接约束委托人和第三人，但是有确切证据证明该合同只约束受托人和第三人的除外。

第七百零九条 受托人以自己的名义与第三人订立合同时，第三人不知道受托人与委托人之间的代理关系的，受托人因第三人的原因对委托人不履行义务，受托人应当向委托人披露第三人，委托人因此可以行使受托人对第三人的权利，但是第三人与受托人订立合同时如果知道该委托人就不会订立合同的除外。

受托人因委托人的原因对第三人不履行义务，受托人应当向第三人披露委托人，第三人因此可以选择受托人或者委托人作为相对人主张其权利，但是第三人不得变更选定的相对人。

委托人行使受托人对第三人的权利的，第三人可以向委托人主张其对受托人的抗辩。第三人选定委托人作为其相对人的，委托人可以向第三人主张其对受托人的抗辩以及受托人对第三人的抗辩。

第七百一十条 受托人处理委托事务取得的财产，应当转交给委托人。

第七百一十一条 受托人完成委托事务的，委托人应当向其支付报酬。因不可归责于受托人的事由，委托合同解除或者委托事务不能完成的，委托人应当向受托人支付相应的报酬。当事人另有约定的，按照其约定。

第七百一十二条 有偿的委托合同，因受托人的过错给委托人造成损失的，委托人可以要求赔偿损失。无偿的委托合同，因受托人的故意或者重大过失给委托人造成损失的，委托人可以要求赔偿损失。

受托人超越权限给委托人造成损失的，应当赔偿损失。

第七百一十三条 受托人处理委托事务时，因不可归责于自己的事由受到损失的，可以向委托人要求赔偿损失。

第七百一十四条 委托人经受托人同意，可以在受托人之外委托第三人处理委托事务。因此给受托人造成损失的，受托人可以向委托人要求赔偿损失。

第七百一十五条 两个以上的受托人共同处理委托事务的，对委托人承担连带责任。

第七百一十六条 委托人或者受托人可以随时解除委托合同。因解除合同给对方造成损失的，除不可归责于该当事人的事由以外，无偿委托合同的解除方应当赔偿因解除时间不当造成的直接损失，有偿委托合同的解除方应当赔偿对方的直接损失和可以获得的利益。

第七百一十七条 委托人或者受托人死亡、丧失民事行为能力或者破产的，委托合同终止，但是当事人另有约定或者根据委托事务的性质不宜终止的除外。

第七百一十八条 因委托人死亡、丧失民事行为能力或者破产，致使委托合同终止将损害委托人利益的，在委托人的继承人、法定代理人或者清算组织承受委托事务之前，受托人应当继续处理委托事务。

第七百一十九条 因受托人死亡、丧失民事行为能力或者破产，致使委托合同终止的，受托人的继承人、法定代理人或者清算组织应当及时通知委托人。因委托合同终止将损害委托人利益的，在委托人作出善后处理之前，受托人的继承人、法定代理人或者清算组织应当采取必要措施。

第二十三章 物业服务合同

第七百二十条 物业服务合同是物业服务人在物业服务区域内，为业主持续提供建筑物及其附属设施的维修养护、环境卫生和相关秩序的维护等物业服务，业主支付报酬的合同。

物业服务人包括物业服务企业和其他物业管理人。

第七百二十一条 物业服务合同的内容包括服务事项、服务质量、服务费用的标准和收取办法、维修资金及服务用房的管理和使用、服务期限、服务交接等条款。

物业服务人公开作出的有利于业主的服务承诺，为物业服务合同的组成部分。

物业服务合同应当采用书面形式。

第七百二十二条 建设单位依法与物业服务人签订的前期物业服务合同，以及业主委员会与业主大会依法选聘的物业服务人签订的物业服务合同，对业主具有约束力。

第七百二十三条 物业服务人将物业服务区域内的部分专项物业服务委托给专业性服务组织或者其他第三人的，应当就该部分专项物业服务向业主负责。

物业服务人不得将其应提供的全部物业服务转委托给第三人，或者将全部物业服务肢解后分别转委托给第三人。

第七百二十四条 物业服务人应当按照约定和物业的使用性质，妥善维修、养护、清洁、绿化和经营物业服务区域内的业主共有部分，维护物业服务区域内的基本生活秩序，采取合理措施保障业主的人身财产安全。

对物业服务区域内违反有关治安、环保等法律法规的行为，物业服务人应当及时采取合理措施制止、向相关行政管理部门报告并协助处理。

第七百二十五条 物业服务人应当及时将服务项目及负责人员、服务质量要求、服务收费项目、服务收费计算标准、服务履行情况、维修资金管理与使用情况、业主共有部分的经营与收益情况、服务项目收支情况和预算方案等事项以合理方式向业主公开或者向业主大会、业主委员会报告。

第七百二十六条 业主应当按照约定向物业服务人支付报酬。物业服务人已经按照约定和有关规定提供服务的，业主不得以未接受或者无需接受相关物业服务为由拒绝支付报酬。

业主违反约定逾期不支付报酬的，物业服务人可以催告其在合理期限内支付；逾期仍不支付的，物业服务人可以提起诉讼或者申请仲裁。

第七百二十七条 业主装饰装修房屋的，应当事先告知物业服务人，遵守物业服务人提示的注意事项，并配合其进行必要的现场检查。

业主转让、出租物业专有部分、设立居住权或者依法改变共有部分用途的，应当及时将相关情况告知物业服务人。

第七百二十八条 业主依法共同决定解聘物业服务人的，可以解除物业服务合同。决定解聘的，应当提前六十日书面通知物业服务人，但是合同对通知期限另有约定的除外。因解除合同造成物业服务人损失的，除不可归责于业主的事由外，业主应当赔偿损失。

第七百二十九条 物业服务期限届满前，业主依法共同决定续聘的，应当与原物业服务人在合同期限届满前续订物业服务合同。

物业服务期限届满前，物业服务人不同意续聘的，应当在物业服务合同期限届满前九十日书面通知业主或者业主委员会，但是合同对通知期限另有约定的除外。

第七百三十条 物业服务期限届满后，业主没有依法作出续聘或者另聘物业服务人的决定，物业服务人按照原合同继续提供物业服务的，原物业服务合同继续有效，但是服务期限为不定期。

当事人可以随时解除不定期物业服务合同，但是物业服务人解除合同应当在合理期限之前书面通知业主或者业主委员会。

第七百三十一条 建设单位依法与物业服务人订立的前期物业服务合同约定的服务期限届满前，业主或者业主委员会与新物业服务人订立的物业服务合同生效的，前期物业服务合同终止。

第七百三十二条 物业服务合同终止后，在业主选定的新物业服务人接管之前，原物业服务人应当继续处理物业服务事务，并可以请求业主支付该期间的报酬。

第七百三十三条 物业服务合同终止后，原物业服务人应当在合理期限内退出物业服务区域，将物业服务用房、相关设施、物业服务所必需的相关资料和代管的维修资金等交还给业主委员会或者其指定的人，配合新的物业服务人做好交接工作，并如实告知物业的使用和管理状况。

原物业服务人违反前款规定的，不得请求业主支付物业服务合同终止后的报酬。

第七百三十四条 本章没有规定的，参照适用委托合同的有关规定。

第二十四章 行纪合同

第七百三十五条 行纪合同是行纪人以自己的名义为委托人从事贸易活动，委托人支付报酬的合同。

第七百三十六条 行纪人处理委托事务支出的费用，由行纪人负担，但是当事人另有约定的除外。

第七百三十七条 行纪人占有委托物的，应当妥善保管委托物。

第七百三十八条 委托物交付给行纪人时有瑕疵或者容易腐烂、变质的，经委托人同意，行纪人可以处分该物；和委托人不能及时取得联系的，行纪人可以合理处分。

第七百三十九条 行纪人低于委托人指定的价格卖出或者高于委托人指定的价格买入的，应当经委托人同意。未经委托人同意，行纪人补偿其差额的，该买卖对委托人发生效力。

行纪人高于委托人指定的价格卖出或者低于委托人指定的价格买入的，

可以按照约定增加报酬。没有约定或者约定不明确，依照本法第三百零一条的规定仍不能确定的，该利益属于委托人。

委托人对价格有特别指示的，行纪人不得违背该指示卖出或者买入。

第七百四十条 行纪人卖出或者买入具有市场定价的商品，除委托人有相反的意思表示的以外，行纪人自己可以作为买受人或者出卖人。

行纪人有前款规定情形的，仍然可以要求委托人支付报酬。

第七百四十一条 行纪人按照约定买入委托物，委托人应当及时受领。经行纪人催告，委托人无正当理由拒绝受领的，行纪人依照本法第三百六十条的规定可以提存委托物。

委托物不能卖出或者委托人撤回出卖，经行纪人催告，委托人不取回或者不处分该物的，行纪人依照本法第三百六十条的规定可以提存委托物。

第七百四十二条 行纪人与第三人订立合同的，行纪人对该合同直接享有权利、承担义务。

第三人不履行义务致使委托人受到损害的，行纪人应当承担损害赔偿责任，但是行纪人与委托人另有约定的除外。

第七百四十三条 行纪人完成或者部分完成委托事务的，委托人应当向其支付相应的报酬。委托人逾期不支付报酬的，行纪人对委托物享有留置权，但是当事人另有约定的除外。

第七百四十四条 本章没有规定的，适用委托合同的有关规定。

市场监管总局

规范有奖销售等促销行为暂行规定（征求意见稿）

（2019年8月30日）

第一章　总　　则

第一条　为了规范有奖销售等促销行为，维护公平竞争的市场秩序，保护消费者、经营者合法权益，根据《中华人民共和国反不正当竞争法》（以下简称反不正当竞争法）、《中华人民共和国价格法》（以下简称价格法）、《中华人民共和国消费者权益保护法》（以下简称消费者权益保护法）等法律和行政法规，制定本规定。

第二条　经营者在中华人民共和国境内开展有奖销售等促销活动，应当遵循自愿、公开、公平、诚信原则，遵守国家有关规定和商业道德。

第三条　县级以上市场监督管理部门依法对经营者的有奖销售等促销行为进行监督检查，对违反本规定的行为实施行政处罚。

第四条　鼓励、支持和保护一切组织和个人对有奖销售等促销活动中的违法行为进行社会监督。

第二章　促销行为一般规范

第五条　经营者开展促销活动，应当真实准确、清晰醒目标示活动信息，不得利用虚构原价、虚假打折、发布虚假信息等方式，欺骗、误导消费者。

第六条　经营者通过商业广告、明码标价、产品说明、销售推介、实物样品或者通知、声明、店堂告示等方式作出优惠承诺的，应当履行承诺。

第七条 经营者在促销活动中提供的奖品或者赠品应当符合国家有关规定，不得以侵权或者不合格产品、国家明令淘汰并停止销售的商品等作为奖品或者赠品。

第八条 卖场、商场、市场、电子商务平台经营者等交易场所提供者（以下简称交易场所提供者）统一组织场所内（平台内）经营者开展促销的，应当制定相应方案，公示促销规则、促销期限以及对消费者不利的限制性条件，向场所内（平台内）经营者提示促销行为注意事项，不得强制要求相关经营者折价、减价。

第九条 交易场所提供者发现场所内（平台内）经营者在统一组织的促销中出现违法行为的，应当依法采取必要处置措施，并保存有关信息记录，协助市场监督管理部门查处违法行为。

第三章　有奖销售行为规范

第十条 本规定所称有奖销售，是指经营者以销售商品、提供服务（以下所称商品包括提供服务）或者获取竞争优势为目的，向消费者或者相关公众（以下所称消费者包括相关公众）提供奖金、物品或者其他利益的行为，包括抽奖式和附赠式等有奖销售。

抽奖式有奖销售是指经营者以抽签、摇号、比赛等带有偶然性或者不确定性的方法，决定消费者是否中奖的有奖销售行为。

附赠式有奖销售是指经营者向满足一定条件的消费者提供奖金、物品或者其他利益的有奖销售行为。

经政府或者政府有关部门依法批准的有奖募捐及其他彩票发售活动，不适用本规定。

第十一条 经营者为了推广移动客户端、招揽客户、提高知名度、获取流量、提高点击率等，附带性地提供物品、奖金或者其他利益的行为，视为本规定所称的有奖销售。

第十二条 经营者开展有奖销售活动，应当符合下列要求：

（一）在有奖销售前，应当明确公布奖项种类、参与条件、参与方式、开奖时间、开奖方式、奖金金额或者奖品价格、奖品品名、奖品种类、奖品数量或者中奖概率、兑奖时间、兑奖条件、兑奖方式、奖品交付方式、弃奖条件、主办方及其联系方式等信息，不得变更，不得附加条件，不得影响兑奖，但有利于消费者的除外；

（二）现场即时开奖的有奖销售活动，对超过五百元奖项的兑奖情况，应当随时公示；

（三）经营者标示奖品价格的，应当与同一经营场所同种商品销售价格一致。

第十三条 经营者以非现金形式的物品或者其他利益作为奖品的，按照同期市场同类商品或者服务的价格计算其金额。

第十四条 奖品为积分、礼券、兑换券、代金券等形式的，应当公布兑换规则、使用范围、有效期限以及其他限制性条件等详细内容；需要向其他经营者兑换的，应当公布其他经营者的名称、兑换地点或者兑换途径。

第十五条 经营者进行有奖销售，不得采用以下谎称有奖的方式：

（一）虚构奖项、奖品、奖金金额等；

（二）仅在活动范围中的特定区域投放奖品；

（三）在活动期间将带有中奖标志的商品、奖券不投放、未全部投放市场；

（四）将带有不同奖金金额或者奖品标志的商品、奖券按不同时间投放市场；

（五）未按照向消费者明示的信息兑奖；

（六）其他谎称有奖的方式。

第十六条 经营者进行有奖销售，不得采用让内部员工、指定单位或者个人中奖等故意让内定人员中奖的欺骗方式。

第十七条 抽奖式有奖销售最高奖的金额不得超过五万元。有下列情形之一的，认定为最高奖的金额超过五万元：

（一）最高奖设置多个中奖者的，其中任意一个中奖者的最高奖金额超过五万元；

（二）同一奖券或者购买一次商品具有两次或者两次以上获奖机会的，累计金额超过五万元；

（三）以物品使用权、服务等形式作为奖品的，该物品使用权、服务等的市场价格超过五万元；

（四）以游戏装备、账户等网络虚拟物品作为奖品的，该物品市场价格超过五万元；

（五）以降价、优惠、打折等方式作为奖品的，降价、优惠、打折等利益折算价格超过五万元；

（六）以彩票、抽奖券等作为奖品的，该彩票、抽奖券可能的最高奖金额超过五万元；

（七）以提供就业机会、聘为顾问等名义，并以给付薪金等方式设置奖励，最高奖的金额超过五万元；

（八）以其他形式进行抽奖式有奖销售，最高奖金额超过五万元的。

第十八条 经营者应当建立档案，如实、准确、完整地记录设奖规则、公示信息、兑奖结果、获奖人员等内容，妥善保存两年并依法接受监督检查。

第四章 价格促销行为规范

第十九条 经营者开展价格促销活动，应当符合下列要求：

（一）价格促销活动有附加条件或者期限的，应当显著标明条件或者期限；

（二）价格促销仅涉及部分商品的，经营者不得标示对全部商品都开展价格促销；

（三）经营者无法确保价格促销涉及的商品有足量备货的，应当特别提示，否则不得以无货为由拒绝履行价格优惠承诺。

第二十条 经营者折价、降价，应当标明或者通过其他方便消费者认知的方式表明折价、降价的基准价格。

未标明或者表明基准价格的，其折价、减价应当以同一经营者在同一经营场所内，在本次促销活动前七日内最低成交价格为基准价格。如果前七日内没有交易的，折价、减价应当以本次促销活动前最后一次交易价格为基准价格。

第二十一条 经营者通过积分、礼券、兑换券、代金券等折抵价款的，应当标明或者通过店堂告示等方式公开折价计算的具体办法。

未公开折价计算具体办法的，应当以经营者接受兑换时的标价作为折价计算基准。

第五章　法律责任

第二十二条　违反本规定第五条规定，构成虚假宣传的，由市场监督管理部门依据反不正当竞争法第二十条的规定进行处罚。

第二十三条　经营者违反本规定第七条、第十二条第三项和第四项、第十八条，法律法规有规定的，从其规定；法律法规没有规定的，市场监督管理部门视其情节轻重，分别给予警告，处以违法所得额三倍以下，但最高不超过三万元的罚款，没有违法所得的，处以一万元以下的罚款。

第二十四条　交易场所提供者违反本规定第八条、第九条，法律法规有规定的，从其规定；法律法规没有规定的，由县级以上市场监督管理部门责令改正；可处违法所得三倍以下罚款，但最高不超过三万元；没有违法所得的，可处一万元以下罚款。

第二十五条　经营者违反本规定第十二条第一项、第十四条、第十五条、第十六条、第十七条的，由市场监督管理机关依据反不正当竞争法第二十二条的规定处罚。

第二十六条　违反本规定第四章规定，构成价格欺诈的，由市场监督管理部门依据价格监管法律法规进行处罚。

第二十七条　市场监督管理部门作出行政处罚决定后，应当依法通过国家企业信用信息公示系统向社会公示。

第六章　附　　则

第二十八条　本规定自2019年　月　日起施行。1993年12月24日原国家工商行政管理局令第19号发布的《关于禁止有奖销售活动中不正当竞争行为的若干规定》同时废止。

《最新法律文件解读》丛书

稿　　约

《最新法律文件解读》是一套以为最新法律规范提供同步"解读"为主的系列丛书，分为刑事、民事、商事、行政与执行4个分册，按月出版。

本丛书以"解读"为重点，突出全、专、新、快、准等特点，通过对最新出台的法律、法规、司法解释、部门规章以及重要地方性法规进行同步动态解读，弥补了法律、法规、司法解释汇编类出版物没有同步阐释、解读内容的不足，为广大读者学习理解最新法律规范，正确贯彻执行法律文件，及时解决实践中的新情况、新问题，提供一个全方位、多层面的法律信息平台。

欢迎您向以下栏目赐稿：

【最新法律文件解读】主要是对最新颁行的法律文件进行解读，帮助司法和执法人员正确理解法律文件的立法背景、意义、重点内容、在适用中应注意的问题、与相关法律文件的衔接与互动关系等等。

【司法实务问题研究】主要刊登对司法理论、实务及司法管理工作中的热点、疑难问题进行研究及评论的文章。

【新类型疑难案例选评】主要是对司法和行政执法实践中具有典型性和代表性的疑难案例，结合具体案情以及审理或处理结果进行简练精辟的点评，解析认识问题的方法、处理问题的法律依据和在个案中的具体适用。

【法学前沿与新视点】以摘要的形式刊登相关法学理论研究的最新动态及具有代表性和典型性的前沿问题，扩展法学研究的深度和广度。

【法律适用问题解答】主要针对司法和行政执法实践中面临的新问题、热点问题、疑难问题进行简要的解答，指出涉及的法律关系，明确法律适用依据。

稿件一经刊用，即付稿酬，稿酬从优。

《刑事法律文件解读》　姜　峤　邮箱：bj85250573@126.com

《民事法律文件解读》　丁丽娜　邮箱：dlnlaw@163.com

《商事法律文件解读》　路建华　邮箱：shangshijiedu@126.com

《行政与执行法律文件解读》　张　奎　邮箱：271717306@qq.com

人民法院出版社

《最新法律文件解读》丛书编辑部